成为敏感而体贴的公司

王涛◎著

企业管理出版社
ENTERPRISE MANAGEMENT PUBLISHING HOUSE

图书在版编目（CIP）数据

成为敏感而体贴的公司/王涛著. —北京：企业管理出版社，2018.9
ISBN 978-7-5164-1772-0

Ⅰ. ①成…　Ⅱ. ①王…　Ⅲ. ①企业管理　Ⅳ. ①F272

中国版本图书馆 CIP 数据核字（2018）第 200957 号

书　　名：成为敏感而体贴的公司
作　　者：王　涛
责任编辑：张　平　程静涵
书　　号：ISBN 978-7-5164-1772-0
出版发行：企业管理出版社
地　　址：北京市海淀区紫竹院南路 17 号　邮编：100048
网　　址：http：//www. emph. cn
电　　话：编辑部（010）68701638　发行部（010）68701816
电子信箱：qyglcbs@ emph. cn
印　　刷：北京旭丰源印刷技术有限公司
经　　销：新华书店
规　　格：145 毫米×210 毫米　32 开本　8.875 印张　184 千字
版　　次：2018 年 9 月第 1 版　　2018 年 9 月第 1 次印刷
定　　价：98.00 元

本书是我对企业的一些观察和思考。如果说它有些微末作用，也就是让我们共同走过一段从人性、人的内心的角度去观察企业及其运作的思想旅程。也许能为国内企业的发展和能力提升、提供一点帮助。

当从人性、人的内心的角度观察和思考企业问题时，经营和管理中的正义、良知、正直、仁慈、善良、责任、尊重、洞察力、创造力、艺术和美、智慧等在不经意间浮现，并越来越多，越来越成为核心。

这样的人和企业一定是敏感而体贴的。他能体察到人们心里最细微的感受、情感、想法和需求，并且绝不会轻慢、忽略或粗暴对待，而是以自己的精益求精、追求卓越、艺术素养和正直、善良等美德下的产品或服务，关心、抚慰着人们劳累、辛苦、挣扎、苦闷、焦躁、忧愁、乏味、空虚、压抑的心。

未来具有竞争力的企业一定是一家敏感而体贴的公司。因为他们得到了人心。他们的存在，就是给世界带来美和爱，就是在为人们创造更加美好和幸福的生活！

让我们祝福有越来越多的人和企业成为敏感而体贴的人和企业，并祝福他们能战胜各种艰难险阻而不断发展壮大！

本书不仅是写给大企业、创业者、高管们的，也适合普通员工、医生、教师、艺术工作者、非营利组织人员等职业，乃至在校大学生、个体摊贩、家庭主妇和作为消费者的每个人。因为这不过是我们在彼此的心里最柔软、温和之处的一次相遇。

王　涛

2018 年 1 月于苏州

第一章　商业活动中的正义与人性

第二章 冥想与企业的洞察力

第三章 生活方式与产品

第四章　公司与产品、品牌

第五章　公司与消费者、人

第六章　公司与自己、员工

第七章　公司与社会、道德

第八章　公司与能力、素养

第一章
商业活动中的正义与人性

定价中的正义与邪恶

企业利用自己的市场地位优势，即消费者的无奈、无力反抗，而高定价获取高额利润，这是什么行为？这是失去了良心和正义的行为。

如果这样的行为充斥着社会，那么这是一个怎样的社会？

如果我们每天生活在其中，会是什么感受？有幸福感吗？

这不仅仅是多花费用了，实际上是一种被欺负的感觉。

企业在不正义、无良知下获取暴利，消费者有可能就会想到，“我离开你，去你的竞争对手那里”。这就是竞争，即充分竞争、反垄断的开始。

借此，稍作“竞争”这个概念的探讨。竞争产生于为了破除垄断行为造成的高价、服务恶劣、产品陈旧无创新（产品无创新对于消费者来说，就会影响生活品质）给人们带来的伤害。竞争的本质是保护消费者、益于消费者的，也就是保护公平、正义和启发良知觉醒的。而不是我们对竞争赋予的另外一个含义，即丛林法则的你死我活的对利益争夺的行为。

竞争和充分竞争，“逼迫”企业将价格走向自己的底线。然后，在底线处思考差异化和创新。人们先挑选价格，然后挑选新颖、创意、优质、谦和、诚实、高贵大度、宽容和仁慈、艺术和美。

企业如此行走于市场，人们如此走向幸福的生活。

不过，竞争和充分竞争，并不是走向美好幸福生活的终极的方法或模式。对于个人而言，幸福与否，还在于我们内心的境界。

人的贡献、价值不仅在于拯救他人或社会，而是在于拯救自己、认识自己。我从一个自私、冷漠的人，转变为一个慈善、柔和、关爱、自知、谦和、有创造力的人，还有比这个转化更加壮丽和神圣的事情吗？

而人的转化，即我们自己的转化，来自对自己的认识。

无私的品牌才能常青

很多品牌都在经历一个从出现到建立，然后又走向消亡的过程。就如人的生死一样，这很正常。品牌呢？恐怕也一样。

幸好，大多数品牌的一生短于人的一生，因此我们有机会深入探索它们“生死”的根由。当然，这与人的生死截然不同，毕竟品牌不像人一样是有着自我意识、觉察能力的生命体。

我们以一个人的成名为例，可以看得更清晰，即看看一个人从无名到成名，再到名声败坏而被人们抛弃或忘记的过程。

比如，一个老师、讲师，最好是一个可以上大众媒体做讲座的老师。由于他讲的某一个课程非常精彩，受到大众的喜爱（与产品的目标消费者一样，这也许只是刚好喜欢这个课程及其所讲的内容、定位、深浅程度或讲演风格的那部分大众。如果是可口可乐那样的大众产品，他的讲座也许就会吸引绝大多数的大众）。一个课程也许要一个月才讲完，人们慢慢地熟知他，并开始喜欢他。

什么是喜欢？即喜欢的表现是什么？他半年后又推出一个新的讲座。人们再次跟踪去听、去看。这些人中，很多人也许并不喜欢这个课程的主题，或不太感兴趣，但是因为是他讲的，所以才喜欢看。然后，人们都知道他的名字，开始谈论他，并关注他的私人事情。

此刻，他成了明星。从产品的角度来说，成了品牌。人们知道他，并喜欢他。

后来，他越来越多、越来越频繁地讲课。当然，也许是出于他对利益的追求，也许是在别人的包装下，也许只是感到这是社会的惯例，所以他也这么做了。总之，课程越讲越多，应酬、社会活动也越来越多。此时，问题出现了。他的课程质量开始下降，人们可以明显地感觉到。其原因：一是由于他进入了不熟悉或者未曾深入研究过的领域，毕竟每个人都是术业有专攻、精力有限的（就如品牌的延伸和企业的多元化）；二是时间、精力受到影响，没有深入、充分地准备新课程。

但是，人们依然喜欢听他的课程。虽然感到课程不那么好听了，感到粗糙、不深入了，有很多内容和观点都太普通了。慢慢地，随着人们对不那么好听的感受加深、强化，终于有一天，人们开始清晰地认识到他讲的课程不好听了，还是最开始的一两个课程好听。人们就不再有兴趣、有激情想要继续听他的课程了。

他开始被人遗弃和淡忘。作为产品来说，他的品牌消失了。虽然人们仍然记得他，但是不再继续跟踪、喜欢、听他的课程了。对于品牌来说，它又回归到一个商标名称，虽然还是一个知名的商标。人们知道它，但是对它不感兴趣，也不想买它的产品。

一个品牌是怎么消失的？我们能从例子中看到消失的根本原因了吧。

正如其建立品牌的原因一样，**失去品牌就是因为其产品**

（其赖于被建立起的核心的因素）消失了、退化了。我们要探索的核心是，它为何会退化？它难道不能常青吗？

内心中的利益，这就是核心所在。

我有名了，已经是品牌了，大家喜欢，争相购买，因此，为了多卖，我就需要多生产、多分销、多配送。但是，一下子不能满足这么多的需求。在融资、并购等扩大生产的行动的同时，产品的品质及相关的服务等开始下降。因为在快速加大的需求面前，顾不上了。何为顾不上？因为怕失去利益才会感到“顾不上”。

假设换一个想法。比如，这个品牌的拥有者视声誉、名誉、品质的诚信、待人以善的服务为核心，而不是利益，那么他就不会牺牲这些而忙于扩大生产。他会想，虽然人们因为产品常常短缺而不满意，我也会损失利润，但是我仍然不会让人们说我是“唯利是图、言而无信的人”。他此刻不会有“顾不上”的感觉。

更深层的问题是，并不是在品牌建立后企业才开始追逐利益的，而是在企业建立之初，就是以追逐利益为核心的。那个利益之心，早已在那里了。利益第一、私心严重的本能，只是在品牌红火之后表现出来。

因此，我们看到这个结论：一个以利益为第一，一个逐利的人和品牌，他必然会走向衰落（衰老的起点正是刚刚成功之时），而且其成功期是极其短暂的。相反，一个常青的企业和品牌，必然是没有将私利放在第一位。

可是，我们不能整体看问题的思维模式，即短视、急功近利、肤浅、实用主义，永远无法看到这个事实。比如在短视、实用主义眼中，当下的行为不是为了将来赚钱努力，就是抓紧赚现在的钱，他看不到这样的行为会带来必然的品牌、公司的衰败。他在想“有钱赶紧赚，谁知今后会怎样”。

所以，“生死”一幕就一直会上演。

如果我们看到自私、逐利导致品牌的短命的事实，看到逐利之心在自己内心潜伏并主导自己的想法和行动的事实，看到这其中的欺诈、残忍、冷漠、争斗，就在这一刻，转变就此发生了。

管理的最高境界：没有领导

什么是家族式管理？家族式管理和类似于外企，如宝洁等的管理最根本的差别是什么？

思考和探究这个问题，是在提醒那些自以为超越了家族式管理或者口头上喊着我们不是家族式管理的企业（这么说只是为了能让我们专注在什么是家族企业这个单纯的问题上）。

与西方企业历史相比，改革开放至今的时间还不太长，对于已经生存下来的尤其是那些已经壮大了的民营企业来说，摆脱家族式管理走向现代管理方式是一个必须要突破的障碍。

什么是家族式管理？

什么是现代管理方式？

已经有很多专家、精英、大师论述了，这里说的只是我个人的观察和思考。我看到的是从一个在民营企业工作的人的内心感受的冥想中而得。

只要进入某家企业的办公室，看着人们工作的行为、状态、说话的方式，如果可以待半天或一天，还能观察到他们是怎么开会的，他们是用什么思维去讨论问题、决策问题，以及看到更多的员工，通过他们的穿着，用的手机、计算机等便知道他们的精神境界的层次，然后瞬间便明白了，这是一家什么样管理方式的企业。

如果一个员工，不管他在什么岗位（这不重要），在他的

深层认识（是指他工作的出发点及一切思想和行动的基础的认识）**中，如果认为这家企业是个人的，他是在为个人打工，那么，这家企业无疑是家族式管理。反之，如果认为不知谁是公司的负责人，这人根本就不存在**（即便存在，也没有视他为负责人），**而他只是为自己的工作、自己的生活、自己的决定而工作，这就不是家族式管理**。当然不是说个别人的感受，而是每个理性的主流的员工的感受。

早在可口可乐和家乐福，以及一家国有企业工作时，我就曾在头脑中闪现过这个念头，那已是十几年前了。我发现，自己从来没有想过，也感受不到哪个具体的人是可口可乐的负责人，哪个人是这家国有企业的负责人，我的心中只有周围相关的同事、领导和下级。领导也不是负责人，因为他的内心也是完全一样的感受和认识。他也会在他的上边寻找过，也找不到哪个具体的人是负责人。就如乔布斯被自己创造的公司开除。

我们不讨论上市、股份制等外在因素对管理模式带来的影响。这是很有必要的因素，不过在此只讨论一个侧面，人们工作时的内心的感受。

当然，在工作中体验不到负责人的存在，这不是说归属感，或者反过来说职业经理人的敬业精神等，到底是否感受到负责人的无处不在，还是反之，这是一个真实的心理感受，就像嫉妒一样。

我们从感受到负责人存在的浅层的表现看会更加清楚。也许刚好工作中的一个同事是负责人的亲戚，你是否在与他合作中有因为他是负责人的亲戚而有所顾及、考虑的心理，不敢得罪他？怕他打小报告？巴结讨好他？同事们去喝酒、唱歌等消遣时躲着他？有吗？如果有，这是家族式管理。反之，如果你明知面对的是负责人的亲戚，而没有那么多的顾虑，你可以搂着他的肩膀称兄道弟，你拉着他一起喝酒、唱歌，一起抱怨公司的不合理之处。那么，这两个企业怎么能一样呢？后者已经摆脱了家族式管理，不管他是否已经上市，也不管负责人是杜绝还是放纵亲戚进企业。

如果你的企业是前者，那么你口头上的超越了家族式管理模式是否该有所反思？面对现实，即承认我现在还是家族式的管理方式，才能转变它。

砍价中的自尊与他尊

企业、服务人员面对顾客砍价时怎么办？要先了解人们为什么要砍价。

当然，首先是追求便宜、省钱。你降价与否，自是另外一番考虑。**还有人砍价是寻求心理的平衡，以及自尊心的满足，**“你一口价、不让点价，哪怕是 10 元、5 元，那我太没面子了”。如果你没有注意到这类人的心理活动而没有让价，即便他这次接受了，不过今后他就不会再来了，你永远失去了他，你伤害了他的自尊心。

在服务中，如果你还没有关心顾客的自尊心，那就是还未进入服务的深层领域中。你是在为自己谋生而应付工作。或者你是一个沉浸在自我，看不见他人内心感受的、麻木的人。作为企业来说，你不适合做服务工作。

还能更深入一些。如果你看到顾客东挑西选、犹豫不决，而你怒火中烧，某一刻再也压抑不住，可能会恶语相向，或者恶狠狠地瞪着顾客。你以为对方感受不到吗？此刻，不管他买不买，你都伤透了他的心。他想“我来购物，体验购物的快乐，却被你大打折扣，新衣服在身的那种快乐感减少了，购物的乐趣也被愤怒、委屈所替代，我怎么会来这种地方购物？以后再也不来了！”你又失去了一个顾客。

作为服务人员，你的性格、脾气必定要让位于顾客的性格、脾气。你是服务人员，你和顾客扮演着一种角色，你必须入戏。就如演戏，你在演一个挨打的人，你必须挨打。

如果有对服务人员的培训，我想这是很关键的一个内容。

其实这里想说的是**如何对待老顾客的砍价**。

我们都知道，保留一个老顾客的成本远远小于争取一个新顾客。但是，你如何挽救一个老顾客，让他高兴，下次还会来，而不是在某一次的购物中成了最后一次？

你还需要了解老顾客的心理。这里不是指老顾客个人，而是指作为那些“老顾客”的人们的心理。先别去调查和研究，你就是顾客，你也必然是某个商家或品牌的老顾客。所以，观察自己的内心就够了。

老顾客想，“我跟你们这么熟了，我每次都来这里消费，我见到你感到亲切，你也跟我聊着家常”，然后看到一个新顾客在买东西。他走后，你发现所谓的那个商家老朋友给你的价格与给那个刚走的新顾客是一样的，你说：“打点折吧，我可是老顾客了，要不赠送一个小礼品也行。我不是在乎那点折扣和礼品，而是在要求你对老顾客、忠实顾客的尊重，你几句‘我们是老朋友了’的甜言蜜语就能蒙蔽我吗？你这是唯利是图，在利用我的信任、情感赚钱。下次要换一家店了。”

看看，你失去了一个老顾客，同时损失了必须再去争取一个新顾客的成本。

你是品牌还是知名商标

说到“品牌第一、第二”，这其中有一个误解。这里的品牌，不是我们在营销中说的品牌，而是类似于这个企业或其产品的销量、实力等排第一、第二。真正的品牌的含义，怎么会有第一、第二之分？

你说可口可乐是第一品牌，百事可乐是第二品牌，其实，就是在说可口可乐的销量第一、知名度第一等。不过，百事可乐可能会说：“我们是新一代人的选择。”言外之意，“可口可乐是老一代人喜欢的传统、保守、老旧的产品”。可口可乐意识到了，发起了反击，结果这几年它们比百事可乐做得更时尚。

它们在争斗什么？这才是品牌的核心，以及品牌竞争的核心。

对于品牌的塑造来说，比第一、第二这样的排名更有意义的是，你的品牌形象是什么？

“我是经典”“你是新潮”，多好的行业竞争者的搭配，它们不存在被价格战摧毁的危险。

“你经典”“我也经典”，怎么办？

那就“我高端”“你中低端”，又是对消费者有利的竞争，对双方品牌也极其有利。

比如，作为零售商，家乐福面对可口可乐和百事可乐两家竞争对手来说，它们会怎么办？它们都喜欢。因为家乐福的顾客中既有新潮人士，也有中规中矩者。对于厂商来说，不用怕超市拿着竞争对手的产品要挟自己。

你可以心里说（为什么说“心里说”？如果你心里清楚这个因素，必有自信，也就自然有相应的行动），“我们是满足新潮人士的第一品牌，你看着办。如果你店大欺客，那些新潮人士会给你教训”。超市很清楚，一个人来到超市，不仅买可乐，还要买蔬菜、袜子、炒锅、空调、空调被、整理箱、插线板、洗发水、牛奶、百洁布等。得罪了一个顾客，就失去他这一篮子的东西。

因此，真的要想塑造一个品牌，就必须进入人的内心世界。否则，所谓的品牌，在消费者眼中，就是一个知名商标。

这个商标被超市看不起，经销商对它毫无忠诚和尊敬，被消费者随意取舍、可有可无（你促销，我就买；你不促销，我就买那个大品牌），它更不敢涨价，这意味着没有利润最终走向亏损。

因此，**你打造的是品牌还是一个知名商标？**

零售业的自有品牌也是一个活脱脱的例子。零售商的自有品牌最早称为自有商标（Private Label）。后来，他们自认为有了品牌管理经验之后，才改为自有品牌（Private Brand）。

另外，家乐福曾有一种产品叫“合作品牌”，即这个品牌不属于家乐福，可能是厂商的，也可能是随意起一个名字，谁也不会在意它的品牌价值。它的作用是打造超市的价格形象，比如，我的超市中这个分类产品的最低价格是1元，而竞争超市同类产品的最低价格是 1.2 元。那么，顾客就会认为我比他便宜。实际上，也许其他的大部分商品并不便宜。

这两年我特别反对把精力放在商品陈列上，如果是为了整洁、易于寻找、标识清楚、陈列原则合理即符合人们的购物习惯，这是应该做的。**如果是为了通过陈列刺激人们购买和牟取高利润，比如，在陈列中将高毛利率的商品放在黄金地区（目光易于接触的位置），这就有操纵、利用人的心理之嫌，即在不告知，甚至有意隐瞒下的为自己牟利。**

用正义解决超市费用问题

供应商对零售商最大的不满和愤怒在于费用问题。根本上是收费太多而导致供应商没有利润或很难赚到钱。可是，供应商面对如此大的市场，又无法离开他们。这既是高销量的重要来源，又涉及品牌的影响力，比如不进沃尔玛、大润发就很难说是全国性品牌。

但是，供应商为了维护自己的利益，如果将注意力单纯地放在费用的多少上，这在零售商和供应商之外的人或组织看来，本质上只不过是一场为了各自利益之争，又怎能引起人们关注呢？

实际上，在利益之争的深处或者说双方纷争的本质，是一个有关正义的问题。

一直以来，供应商一直把焦点放在自己处在“受欺负者”的位置上。他们感受着零售商利用其强势或有利的商业地位对自己的欺压，这是一种情绪的宣泄。

情绪的宣泄自然不适合商业领域，但是，也同样无法在商业领域里要求和期待别人在其强势地位上保持公正、公平而不欺负人。我们不能从做人的角度去要求别人仁慈、正直，因为若换到强势的位置上，谁又能保证自己做到仁慈、正直、不欺负弱者呢？

毕竟都是商业性的利益关系。因此，供应商在面对零售商说："你认为费用太高，可以选择退出而不合作"的时候，若非处于利益的考虑，又怎么会无可奈何、无言以对呢？

其实，在费用问题上的正义与否，并未引起更多的关注。但是，也许这才是真正有效的解决之道。正义感，才是人尤其是弱者的力量来源。

对于零售商来说，同样是收取费用，但是在出发点、动机上的不同却彰显着正义与否的问题。

有些超市收费的出发点是，出于供应商的某种行为导致自己的成本提高，或者利用自己短缺的、有价值的资源支持某个供应商的行为而收费。

比如，收取销售返利（假定为有条件返利，这更容易讨论，不过无条件销售返利也是一样的道理，只不过讨论起来麻烦一些）时，超市认为供应商销售额的提升，既与自己的支持有关（如他可以支持竞争对手，而打压你），也增加了自己的运营成本（如提供更多的陈列空间、库存等）。虽然额外增加的销售额也增加了超市的利润，但是超市也许会认为增加的利润不足以弥补自己为此付出的成本，或者损失了如果支持供应商的竞争对手可能会获得更高的利润的机会，所以要求分享供应商为额外增加的销售额所带来的一部分利润。

这个要求本身是正义的，问题只是供零双方分享这些多出的销售额带来的利润的比例多少而已。毕竟这个费用是从商品销售的利润中提取的。

收取条码费也是正义的，因为超市的货架空间有限，总是受限于某个单品数量之内。收取条码费也是零售商为了限制商品数量，以及借此短缺资源为自己赢得更多的利益的考虑，这是可以理解的。但是，如果超市选择产品进店的标准是给的费用的多少，而不是客观地评估各个产品的品质、品牌的影响力、分类的需求、商品结构的合理性等，即不是为了顾客而选择商品，而是为了要更多的费用而选择商品，那么，这个做法就不是正义的。

以招标的方式选择供应商或产品本也无可厚非。但是，如果零售商不是出于对供应商的信誉、能力、品牌及产品的品质、功能、满足消费者需求的程度等因素为选择标准，而纯粹是以收取更多的费用为出发点，那么，这种做法又何谈是正义的？

年节费。超市为了在节假日吸引更多的顾客，会做很多的促销活动、卖场装饰、广告投入、雇用临时工、租用临时仓库等，势必会花费很多资金。而吸引来更多的顾客，也会让每家供应商从中受益。因此，收取年节费也是合理的，这是在分摊费用。但是，如果超市向供应商收取的年节费的总额远远多于专为节假日付出的成本，那么，多出的这部分费用算什么？在这方面赚到的钱又是什么意思？

收取的费用到底正义与否，只有零售商自己知道。因为正义与否源于内心的想法、动机、选择。比如，即便条码费并没有多收（与其他供应商相比，或者与其他超市相比），也许是供应商谈判能力很强等因素，但是，如果选择产品的标准仍然以费用为导向，那么仍然是不正义的行为。

情绪层面在表达：“你在欺负我，你太自私。”而正义层面在表达："你的行为是错的、恶的。"这意味着：**在谈论正义时，就不是站在自己利益的角度，而是站在客观事实的角度上。**

这就是正义的力量。你不是为了自己的利益在指责对方、在争取什么，而是在指出事实及其善恶、对错。那么人的良心是无法回避这些指责的。

当你说"你是店大欺客"，与说"你的做法是不正义的、不公正的、不正直的、不公平的，你是在欺骗"，哪个会更令对方感到震撼和害怕呢？你自己在说哪句话时更加理直气壮，充满了力量呢？

我们应该从正义与否的角度去看费用问题，而且这本身就是费用问题的事实真相。

对于供应商来说（其实就是对每个人来说），我们自己是正义的吗？

如果我们自己的行为本就不是正义的，又如何指责零售商，即别人的做法是非正义的呢？

况且，我们心中无正义，又怎么能想去探究正义问题呢？又怎能识别何为正义、何为不正义呢？

因此，我们要问的是自己：我是正义的吗？

显然，我们不只是在讨论超市和零售业的问题，而是在讨论所有企业的问题。正义，是当今国内企业最迫切需要关注的问题之一。这个问题关系企业的成败，更关系我们及后代子孙的幸福。

不要把顾客当成工具

顾客站在称蔬菜的台秤前，喊着服务人员。她匆忙跑过来，一边无所顾忌地与旁边卖肉的人说话，一边麻利地操作，始终没有看顾客一眼。

美国品质协会的一项研究发现：造成客户满意度低的首要原因是“员工的冷漠”。“冷漠”这个听起来很中性的词语竟然会影响消费者的行为，确实很有意思，因为“冷漠”既不是“粗暴”，也不代表“敌意”，更多的是缺乏关心。

缺乏关心？这不是服务的问题，而是人性意识未觉醒。**服务水平低只是人性未觉醒的表现。人性并不是惯常中理解的与之相对的兽性中的人性含义，而是指封闭在极端的自我中心里，完全看不到、感知不到外在的世界。**

别人只是他世界里的一个工具、道具、物件，而不是与他有着同样感受、思想、痛苦、烦恼、欲望的、活生生的人。也就是说，他无比看重自己的心、感受、想法、意志，却视他人为没有心、感受、想法、意志的人。

他没有形成尝试在说话前给对方一个微笑，或者看着对方眼睛说话的习惯，甚至会将自己的烦恼、疲惫、愤怒转移到他人身上，根本不可能意识到这是他自己的问题，而与他人无关，也就感知不到（其实是不去感知）自己的言行给他人带来的伤害。

如果只是从管理的角度来看这个问题，比如，加强服务意识培训，建立相关的激励奖惩制度，严格服务管理，完善服务流程、制度等，并不能真正地解决这个问题。不要说如沃尔玛、可口可乐那样大的企业，无法有效地“控制”服务一线的人员，就连三四个人的私人摊贩，也无法持续改善人员的服务表现。

有一家我很熟悉的商店，老板很友好。他只有两名员工，有一次换了一个新员工。他给我讲产品知识，实际上我对这个产品的知识远远多于他。因此我的疑问他回答不了，反而讲了一堆我都知道的事情，从始至终他对这一切毫无所知。

几个月后，我又去了一次。我等待着他们从仓库拿货过来。由于始终没看到他们的人去拿货，我就问他（那位新员工）是否去拿货了，他带着不耐烦的神情说已经去拿货了。他的不耐烦是由于他感觉我是在催他。可是他的这种感觉来自他意识不到他所知道的、认为是习以为常的事情（他们的拿货流程是通过打电话让仓库的人送过来），作为顾客的我未必就知道（在人群嘈杂、他同时应付着多个顾客中，我不可能知道他打的那些电话都是为了什么事）。

显然，他还感知不到别人。他虽然态度热情，但心灵的状态却是“冷漠”的。他不会真心关注顾客，顾客只是他的工作分内之事。这样的服务是很脆弱和初级的。

一次，到一家国际著名品牌的零售店购物，问到一个产品缺陷的问题，三个服务人员竟然给出了三个答案。这是外企的“水土不服”。不过，问题的根源还在于人，即本土的这些服务人员的人性意识尚未普遍地觉醒。

作为外企，如果当地人的人性意识尚未觉醒，他们还处在眼里只有自己而无他人的心灵状态，那么他们是无法从根本上解决服务问题的。这也是外企的人才本土化的困窘。

不管是企业管理者，还是我们每个人，如果深切地意识到这个问题，观察、探究自己内心中的动物性的自私、在自我中进行心灵封闭，这就是改变的开始，人性觉醒的开始。

当然，改变的不仅是服务问题，而是一个人的人生、生命。然后，他的改变又在改变着社会。

改变“家长制”管理

有了国际化的人才，有了先进的管理制度、流程，有了模式、战略、定位，为什么国内的很多企业还是问题重重？一个关键问题是，国内企业的意识深处还是“家长制”。

一个良性企业，首要条件是它必须是一个有机体，这意味着每个细胞在自己运转、创造、更新、治愈自己，迎接挑战、自主解决问题。而“家长制”意识是在扼杀细胞的自主能力、活力、生命力。因此这个有机体就会生病，运行受阻。

这个“家长制”意识，不仅是指企业的老板、创始人，泛指各个部门岗位上的管理者（实际上每个人都一样，只不过非管理者的“家长制”意识影响不到工作，但会影响他的生活、家庭）。

“家长制”意味着权威意识。它的运作是以权威为核心，而不是以每个个体的自主意识。这体现在管理者的傲慢、独断、偏见，以及下级人员的依赖、懒惰、推诿、蒙骗、得过且过、阿谀奉承、钻营、把赢得上司的欢心当作工作目标，谁也不会主动去创新，以及逃避问题、逃避责任。

假设一家5000人的企业，那么也许有4900人作为“人”的能力无法发挥，成了机器甚至必然还带有破坏性作用。对应的是，假设一家有机体般运作的企业同样是5000人，那么就有5000人在面对问题、解决问题、创新、承担责任、发现问题。人是核心资源，其真正意义不正是如此吗？

什么是这里说的破坏作用？一个人在无法像活的细胞一样自主运作的时候，很快就变成了企业的“癌细胞”。他的问题比如抱怨、怠工、欺骗、不严格执行制度流程，利用公司资源谋私利，以个人利益为中心的公司权力斗争，不胜任却靠关系维持甚至高升等无数类似情况。这样的企业，怎么能生存得好，更何谈发展？

所谓“诸葛亮会”式的讨论就是典型的“家长制”意识的表现之一。“诸葛亮会”意味着，我作为负责人或管理者很谦虚，虚怀若谷、求贤若渴地向大家求计求策，可是意识深处却是，你们把主意、点子告诉我，然后我再考虑斟酌。这意味着根本无法展开深入的讨论，“诸葛亮”们只是摆摆自己的观点及理由，何谈共同的讨论？

可是，没有头脑风暴式的、身份平等的、无恐惧感的讨论，怎么能把问题一层层地深入挖掘下去呢？怎么能看透问题的本质和根源？负责人或管理者回头自己斟酌，只不过是一个选择权衡的过程。几个“诸葛亮”一起讨论问题，犹如麦肯锡顾问们那般的思考和讨论，与每个“诸葛亮”摆出自己的问题后走人，然后负责人自己琢磨，有天壤之别。

“家长制”，意味着意识深处的上下级、高低尊卑的观念。这是一切问题的核心。与西方企业对比会看得更加清楚。西方企业虽然也有上下级、层级管理体系（即便是扁平化和结构化也不免含有管理层级的因素，只是简化了）。但是，在上级和下级的内心，没有高低尊卑的观念，或者说很淡薄。

“家长制”管理，本质上是命令的传递，然后附在命令之上的是恐惧和奉迎中的虚假信息。

任何人对问题的看法都是带有自己视角的偏见的。因此，问题的真相是通过讨论，从对方观点背后的出发点、背景中看到自己的偏见，从而不断地修正、去除自己的局限，最终大家共同看到问题的真相。而不是一个人在众多的偏见中，挑选一个真相出来。因为这个挑选的人同样是带有偏见的，不是吗？

认为自己的观点就是对的，这是人的意识进化中的一个较低层次，即将自己的观点、观念与自己“合一”。自然会觉得：你批评他的观点，就是对他的挑衅和不敬。

因此，“家长制”管理中，无人敢对“家长”说：“我觉得你错了。”更不敢指出：“你那是局限和偏见，你带着傲慢、自负。”

最终，企业问题的核心是人的问题。人的问题是其观念、意识的问题。那么，我们的意识中都装着什么呢？

承认真实的自己

阳光闪耀，车水马龙，只能从车流的缝隙中走过。过马路没有什么规则，你要大胆一些，才能走过路口。如果你心存畏怯、规则，恐怕永远也走不过去。

他的生意很红火。因为这种业务在当地很少，也算是一种有文化的行业。店内明亮、干净、温暖、忙碌，一看就是生意很兴旺的景象。可是，他心中却充满了恐惧。这不是他自己的恐惧，而是当地乃至集体意识中的那种恐惧。

害怕事后被抱怨、埋怨、不满意、找麻烦、谩骂、投诉、要赔偿、恶语相向甚至诉诸暴力。当然，这是源自于我们另外一个集体心理：戾气，毫无宽容、不包容、动物性的自私；丝毫的小事，只要自己占理或强势，就得理不饶人，逼迫、挖苦、无理索赔；更具危害性的是，极其恶劣、粗鲁、尖刻、严厉甚至无基本礼貌、毫无素质的态度。

总之，就是怕被投诉、埋怨、报复、恶语相向的恐惧。

不管是在工作中，还是生活中。然后，无丝毫的宽容、包容之心，无素质的恶语相向，我们没有吗?

内心藏着这个心理疾病，生意在流失客户（当然他当下阶段可能并不在乎）。他的内心状态不利于赚钱。

他会在恐惧中有意地推掉很多客户。更严重的是，他在不知道自己恐惧心理下经常无意地得罪、怠慢、赶走客户。但是，他顾不上这些了，只要生意还过得去，宁愿少赚钱，也不敢多招惹麻烦。

不管他知不知道“客户是上帝”，如何建立专业化，如何提升顾客满意度、忠诚度，自己的行为对打造品牌的意义，他内心的恐惧使这一切都失去了效力。

这不是分析、逻辑、推理，这是一个事实。只要进入他的心里，就会知道。就算你是管理专家、营销专家，在恐惧心理下，你的知识也用不上。

所以我们看到，很多生意成功者往往是内心极其强大的人，即不怕抱怨、投诉、恶语相向的人。不过，他们的不恐惧并不是勇气，以及对正义、正直、真理的坚持的品质，只是性格强悍（或者说是更坏）。

这就是说我们仍然是在“丛林法则”中生活。强势者在欺负弱势者，在交往中，没有公平、正义、善良、体谅、同情、尊重可言。

从企业的角度来看，也许国内企业问题的根源恰恰在此，即不是管理、人才、技术、资金等问题，而是在人，即我们自己。

如果我们自己即人不发生转化，那么所谓的品牌管理、客户至上、创新、商业模式、大数据、消费者洞察、用户体验等，都不能发挥出其应有的作用。它们只是工具，关键在于应用他们的人。

因此，国内企业要想在全球环境下真正生存，只能从自己的改变、转化开始。

我们有尊重、宽容、包容、正义、正直、追求真理，即事实、善良、同情、体谅、敏感、公平、平等，以及具有欣赏艺术、美的素养和内心状态吗？这是关键。恐怕我们不是，而是它们的反面。

制约我们走向文明、人性觉醒的关键因素，正是我们对自己的真实的拒绝承认。我们一直乐意活在自己编造的“我们很好，我们是优秀文化”的沾沾自喜里。这不是编织童话，因为我们推崇的往往是那些愚昧、黑暗、野蛮的价值观，比如搞关系、成功的标志是有钱有势，等等。

不管环境怎样，总是要有企业，它们还是会发展。因为人们别无选择，找不到充满尊重、正直、体谅、友善的公司。在对于很多没有受到国内外企业直接竞争的行业和地区尤其如此。若非是敏感的、已经进化为文明的、人性觉醒的心灵，也都习以为常而认同了（不会认为这是问题）或者根本就感受不到。

不过，谁愿意生活在这样的环境中呢？从看到这些开始，也许更多的怜悯、同情、尊重会从心里苏醒。那就从我们自己的改变开始吧！

顾客导向之心

至今，“顾客导向，以消费者为中心”，这个理念仍然未进入我们的内心深处、内在精神，成为个人的文化或素质。

即便是引进一套国外的顾客导向的流程，强迫公司人员依此工作，或者以奖惩制度来促进顾客导向在公司内部的执行，恐怕也不一定真的做到顾客导向，其结果也许是推诿、找借口、找漏洞、当面一套背后一套。

这是很隐秘、不易分辨和察觉的。比如报修后，企业是规定 24 小时内解决问题，还是 12 小时解决问题，对顾客来说有很大的不同。但是，对企业来说，除了能力问题（其实这不是问题，如果真的是顾客导向，那么自然会建造更强大的顾客响应的能力作为紧要任务），谁又知道这 12 个小时的差异是否隐含着对顾客的怠慢，以及对自己的保护和工作舒适的追求呢？

当然，如果在充分竞争的行业，对消费者来说，这 12 个小时的差异足以让大家有了明确的选择，可是在非市场化的行业中，企业的业绩并非来自市场的压力，那么，消费者的选择就无法冲击到企业自动走向顾客导向，这才是最大的问题。

最好的情况是，企业领导层的意识真正发生了革命，意识到顾客导向是企业经营的核心，那么，不管是引进流程还是人才，抑或是制订顾客导向的奖惩制度，他都可能成功。因为他也许无意中还同时做着另外一件事情，即以他自己的“顾客导向”的思考方式和行动，教育、影响着其他人。然后，以顾客为中心的文化，也就自然会在企业里建立起来。

不过，这不是我们讨论的重点。我们想要讨论的是，**我们内心阻碍实现顾客导向的因素是什么？**

为什么我们无法真正、心甘情愿、发乎自然地做到顾客导向？

就如我们主动为老人、孕妇让座一样自然而然又天经地义。

对我们来说，**主要有两个障碍：对利益的追逐和无意识下的自私。**

首先，看看对利益的疯狂追逐是如何阻碍企业走向顾客导向的。

对利益的疯狂追逐更是指企业的领导层。我们的内心深处是不是有强大的利益导向？

这不是说企业不能追逐利润、利益，而是说这样一个差别：**在我们的内心深处，是认为公司的利益来自对顾客的需求的更好的满足，还是认为顾客只是自己获取利益的工具、道具呢？**

这是一个类似于因果定律的问题，你选择哪个是因、哪个是果？

这是对获取利益的完全不同的境界。这也就是人的境界的差异，而且差异之大，有天壤之别。

那么，我们是什么样的人呢？

无须举例子，我们各自对照自己的内心，就很容易看到内心的利益导向，赚钱、谋生、买房、买车、送孩子去名校、出国，等等。

我们在极端地追逐自己的利益中，怎么会真的理解顾客导向呢？

眼中怎么会有顾客呢？

怎么会将顾客当作一个个鲜活的人呢？

怎么会感受到一个多等待12个小时的顾客的煎熬、烦恼？

也许看见了，因为并不麻木，但是却无暇顾及、没有行动，因为利益才是最受关注的。

追逐利益的内心，其行动必然是追逐利益，他就无法容下顾客导向。这是一个要么是、要么不是的问题。是极端利益导向，就不可能是顾客导向。就如在让顾客多等待12个小时的烦恼与自己的少担责任、少麻烦的私利之间，极端利益导向的人会怎么选择、怎么做呢？

其次，是极端的自私或自我（就是前面提到的动物性的自私），这是针对企业的所有人员。

人是自私的，这毋庸置疑。不过，我们说的是极端的“自私”、自我，意味着一个人封闭在“自我”的围墙内，感知不到墙外的任何人和事物，别人只是他的世界里的一个道具。就如一个婴儿认为他的妈妈是他的一部分，是他的身体的延伸，就如他的胳膊、腿，他意识不到他的妈妈是她自己。他认为这个世界要围绕着自己的意志而运作，别人只能顺从，否则就是哭闹（成人只不过掩饰在成熟的外表下）。

这样的人的最大特点是不敏感，即麻木和冷漠。他感受不到对方的痛苦、难处、烦恼，自然不会升起同情、友好、关怀之心。那么，他也许在执行流程，他也许非常熟练和标准化地执行顾客导向，但是，在顾客看来，他就像机器人一样冷漠。

这个瞬间会有明显的对比：他面无表情或者以机械式的微笑看着顾客，然后转脸对着自己的孩子流露出百般喜爱的笑容。

这样的人，怎么能执行顾客导向？

我们是这样的人吗？疯狂地追逐利益和极端的自我。

说起顾客导向，企业的经营和管理，建立品牌和百年企业，我们是认真的吗？如果是认真的，不是掩饰赚钱的遮羞布，不是理论和噱头，不是认为那是别人的事情，或者无知地认为说说顾客导向就可以执行了，那么，它们就会进入我们的内心，成为我们的素质、品德。

如果你是领导层、企业负责人，那么，这个企业就可能是一个顾客导向的企业；如果你是员工，那么你必然是一个顾客导向的员工。

一个顾客导向的企业和员工，就是在真心地服务、帮助他人，就是在构建一个美好的社会。

你微笑着倾听顾客的意见，内心没有恐惧和不耐烦，你听出了他不是在索赔或挑剔，只是想知道出现问题的原因和修复的时间，你据实告诉他你所知道的，不用说那种出于个人利益或恐惧下的谎言。此刻，你的回答虽然没有真的在修复那个问题，但是你却是在令他开心、快乐。他看到了你的友善、真诚，以及他想知道的问题的原因和修复的大致时间。然后，他的开心会带给你微笑和谅解。你的内心呢？自然是快乐。这就是美好的社会。

它在我们每个人的每个行动中。而这个行动，是敏感和友善。

积分制的成功在于良心

笔者一直对积分制（就是指会员制）很反感。有一天，偶然看到一款产品的积分制的宣传手册。上网查了查它的会员积分制度、兑换的礼品、产品的价格、宣传视频及在网上的销量，猛然觉察到积分制背后的良心问题。

如果一件产品是人们在生活中必须经常购买的，它的品牌已经有了足够数量的忠诚人群。或者说，这个产品分类中没有特别有价值的品牌，各家产品、品牌都差不多，那么只要是那些产品品质、口碑较好，电视广告投入较多的品牌，在实行积分制时就会有吸引力。

人们自然会想，反正每天要吃、用、喝，通过积分获得些礼品自然是额外的惊喜，又有什么理由不考虑呢？对于品牌的忠诚消费者，以及游离于品牌之间的消费者，也包括没有突出品牌的产品分类中的消费者，这么想是自然的。实施积分制的企业自然会赢得更多的消费者和更高的忠诚度。

如果行业中、产品分类中大部分品牌都实行积分制呢？那就要看产品本身的力量及品牌在人们心中的形象了。也就是说，积分制不管有效与否，它只是一种营销手段。

另外，积分制也确实为消费者提供了价值。因为这是给予老顾客忠诚的回馈，以及对新顾客转换品牌的意外惊喜的鼓励，毕竟大家得到了实惠。

但是，在一个充分竞争和理性的市场上，积分制的最终成功依赖于企业的良心。也就是说，如果企业故意将价格提高（其他的促销活动一样），而弥补礼品、奖励性活动的费用，那么，这就是一种隐性的欺骗行为。他们对消费者没有诚意。当然，更深入一层，企业可以做得更加隐蔽，他们可以通过将大笔资金投入广告中宣传产品的品质可靠、更高等，以使高价显得合情合理。当然，广告的费用仍然会体现在价格中。

如果你有好的产品，当然可以告诉大众。而这些费用最终让消费者埋单也很正常（出众的产品需要告知消费者，而消费者得知更好的产品，这本身是有价值的，消费者为此埋单是合乎正义、公正的）。但是，如果对产品进行虚假的宣传，即夸大产品的实际品质、功能等，那么，这是什么行为？这不仅是欺骗，还是无赖、抢夺的行为。因为你在用大众的钱欺骗大众，而自己从中得利。这类似于一种有阴谋的掠夺。

我们在这里说的是内心的活动，也就是做事的出发点，即这种行为的出发点是为了自己牟利而丧失道德底线地夺取他人的利益。也就是说，他是有意为之、有预谋地为之。这才是最恶劣之处。

消费者终归会觉醒，会看穿这种欺骗。毕竟在一个竞争的市场上，会有其他的产品及价格的比较。你的产品价格太高，或者产品品质言过其实，自然会有更低的价格和更高的品质的产品出现。此时，会员制、积分制又能留得住谁呢？

因此，如果你是真诚的、有诚意的，那么，会员制、积分制是一个很好的营销方法。真诚和诚意的深层就是人的良心。

一个有良心、良知的人，怎么会有意欺骗他人？又怎么会为了自己牟利而损害、夺取他人的利益呢？

他只知道一种挣钱的方式，即公平的交换。不断提升自己的产品和服务，更好地满足人们的需要，甚至在公平交换的基础上，他愿意略微地吃亏、有所奉献。比如，他还会关注自己的制造过程对环境和社区的影响，自己的原材料采购对当地生态、人们生活、风俗习惯的影响。另外，他也许真的会从利润中拿出一部分回馈给消费者、老顾客、忠诚顾客。这才是感恩之心的体现。

那么，这样的企业怎么会没有远大的前程呢？也许来得缓慢点，但是，急功近利并不是有良心的人的做法。

这种基于良心的商业思考方式正是沃尔玛的成功秘诀，即薄利多销。自己不断地努力，通过降低运作成本、与供应商的艰苦谈判得到更低的供价、四处寻找更优质和低价的货源，将多出的这些利益让渡给顾客。而沃尔玛的利润来自顾客的增加和购买次数的增加，即不管沃尔玛降低了多少的成本、产品供价，提高运作效率，它的毛利率始终保持不变，而且很低。它把所有利益都让渡给顾客，即降低售价。

沃尔玛的做法不断地给顾客带来价值，所赚取的钱其实是来自对那些传统零售业、运作不良的超市、太贪心的超市和供应商的市场的蚕食。这是先进淘汰落后的商业进化。所谓的商业进化，意味着消费者是受益者，而不是行业内所谓的各种进步、盈利、上市等。

因此，企业实行积分制、会员制的前提是，必须先要有良心。否则，消费者不会被欺骗很久。

也许我们忙于做生意、工作，从未将自己的工作与良心、良知联系起来。那么，现在就应该开始认真对待自己的良心问题。比如，在策划积分制、制订积分制规则及运作积分制时，看看自己是想着要回馈老顾客、忠诚顾客，还是仅仅为了抢夺竞争对手的顾客而赚更多的钱呢？

这是善恶之分。为了回馈、报答老顾客，这是一个善念，反之则是注重私利之念。

不要迎合“面子文化”

中国人素有“面子文化”。在我们的内心深处，恐怕都隐藏着“好面子”的基因。

比如在送礼时，“好面子”的心理就会自动导致一个思想和行为，即注重礼品的外包装。像西方人那样拿着一瓶酒或一束花去朋友、亲戚家做客（而在礼物如衣服上别上一朵小花、绑上一条丝带，或好看点的绳子就是包装了），对于我们来说是难以做到的。先不要将此归结为文化、风俗习惯的不同，这些只是表面现象，其本质上与“好面子”的观念有关。

由此，很多礼品装的产品便应运而生。将产品附加上豪华、昂贵、漂亮的包装，它们成了另外一种独立的产品，甚至连蔬菜都可以放在漂亮的礼盒中成为礼品（除非是一些特殊的蔬菜）。显然，那些豪华、昂贵、漂亮的包装，同时还造成了巨大的自然资源浪费和对环境的污染。

当一家企业借由礼品装产品赚钱、扩大市场时，一个人为了利益和关系而送出礼品装时，当接受礼品的人享受着产品和被人尊重时，就是在损害其他人、所有人的利益。因为环境是大家的。

也许在销售礼品装、送礼、收礼时，根本想不到这个问题，即便想到了，也会认为自己的行为对整体环境的影响太微乎其微了，还会认为大家都这样做，自己只是在顺应社会，也是被迫而为之。不管是怎么想的，这个行为本身对环境的破坏一直在持续着。

企业为了赚钱，一直在迎合、支持这种浪费、污染。这本身就是在作恶。

可是，企业也许会觉得很冤枉，会想：我只是在满足市场需求，这是人们的需要，并不是我建立的“面子文化”，我只是做企业和营销，就应该满足消费者的需求。如果我不这么做，别人也会这么做，这会导致我无法生存下去。我也是被动的。我的心是善良的，只不过我没办法，只能这么做。

让我们继续省察企业迎合“面子文化”的内心世界。我们期待这样的省察能引发一次内心的革命。

如果企业以赚钱为经营的第一目的、核心目的，那么，当然会认为迎合消费者的需求是绝对正确的，不管消费者的需求是否正义、环保、善良。这样的企业自然会说：“需求就是需求，需求本身所包含的意义和影响与我无关，那是消费者心中的事物，他们要为自己的所作所为负责。”

但是，如果一家企业经营的根本目的并不是赚钱，而是如彼得·德鲁克说的：“企业的目的是满足和创造顾客价值。”（而价值一词，显然不会有邪恶、危害环保的含义）那么，也许就会注意到自己在满足消费者需求的同时，给社会或社区、人们的生活带来的影响是什么。因为在思考给顾客带来的“价值”而不是赚钱的同时，必然会想到人们的内心感受以及生活的环境等问题。

因此我们看到，迎合大众到底是对还是错的问题，其实是在于我们站在哪个角度，是站在牟取私利的角度，还是站在正义、良善、责任感、大众利益的角度?

不言而喻，我们都知道自己一直是站在哪个角度上的，良心在拷问着我们。

“我是被动这么做的，不这么做就经营不下去了”，这个看法也有一个深层的认识问题。

为什么苹果产品在极其简单的包装下，也可以作为礼品?而且专门开发了礼品销售政策，比如在产品上刻上名字等。你也许说：“那是他们的产品好，所以不需要特殊的包装。”但是，为什么他们的产品好，而我们的产品不行呢?

这就是问题所在，我们根本就没有将精力、财力、人才等用在研究、设计、开发、制造卓越的产品上，而是放在花哨的、噱头、营销技巧、讨好迎合、模仿上了。

为什么会这么做?

是不是内心的贪婪、急功近利、物质主义、极端的自私自利所致?

现在，我们是不是应该认真地反思自己。真心痛悔，勇于否定自己，才能带来心灵的更新。幸福才能进入我们及后代子孙的生活。

第二章
冥想与企业的洞察力

洞察自己即洞察消费者

美国和欧洲的管理学家几年前就开始探索“商业的直觉”了，随之又出现了大数据（维克托·迈尔—舍恩伯格发现和提炼）的意义。经营管理已经走上科学的“直觉”，数据分析已经被无须知道“为什么”，只要知道“是什么”的大数据所革命。只需知道“是什么”不正是直觉吗？扔掉对数据分析和直觉的旧观念吧！

当某天你去一家国际品牌的零售店购物，遇到了无礼、不认真的对待后，在不满、愤怒之余，是否看到自己内心中闪现的念头：这家公司的服务质量开始下降了；在中国的零售店服务没有管理好，他们不了解中国人；今后不再到这家零售店了，或是干脆弃绝它的实体店而去网上或经销商处买；要投诉吗？算了，我没时间，不想费口舌，这是他们的事情等。

如果这家公司相关的负责人看到了这些想法，必然会震惊和马上行动。因为这些思想开始侵蚀我对这个品牌积极的、欣赏的情感，动摇了对它的忠诚度。这意味着我在向其竞争对手的产品靠拢。以前不屑一顾的国内品牌，也许开始吸引我的注意力。如果他们做得好，我就会注意到那精彩之处，动心购买就是自然的事情了。

你开发了一款有利于健康的食品。信心满满，因为产品确实是有针对性的健康作用，又是独一无二的。可是你是否知道，也许人们在想："我知道这个产品是有利于健康的，但是口味太差了，太难吃了。它又不是主食，我可以不吃它。我是慢性病，它也只是食品而不是药，不是必须要吃；不是在挨饿下的解饱而只是零食性的食品，我何必去忍受如此难吃的口味；我忍一忍自己的馋嘴冲动，或许可以少吃点其他食品，虽然它们不健康，可是好吃，或者甚至可以忍住不吃零食。"

如果你知道人们都是这么想的，还会很乐观吗？难道不替自己感到害怕吗？这是企业或产品倾覆的内因。即便没有征兆，它已经悄然存在了。它是种子，必会长成大树。它不再是一个小问题，可能是关系到这个产品乃至整个公司命运的关键性问题。

虽然健康性是这个产品的核心，可是对于消费者来说，它只是这个产品必须具备的，却不是他们最关心的。"你健康，又好吃，我买；你健康，不好吃，我不买或少买；你没有健康功能，但好吃，我买或少买"。在这样的市场上，你会怎么做？

在网上购物，卖家们是否知道，人们也许在这么想：叫我"亲"又有何益？其实你对我一点也不亲，就是想赚我的钱而已。我与你沟通，就是想了解产品更多细节和你的真实性。不了解细节，我可能会买错了。

不确认你的真实，怎么敢买？所有这些，我需要在与你的沟通中探知。因此，你的"亲"和极度的热情并不能替代它们。所以，你既应该热情，又应该真诚和专业。你让我看到它们，我就买，而且会一直找你买。如果你知道人们是这么想的，你的“亲”中是否会加入真诚，以及在专业水平上努力不懈？

企业营销者知道了人们的想法，还用担心生意做不好吗？

还用担心竞争对手吗？

还会担心所谓的强势的零售商（现在是强势的网商）吗？

这不是“顾客是上帝”的口号，而是需要你在工作中付出全部的身心、精力和注意力。

那么，如何知道人们内心深处的想法呢？如何进入人们的内心世界？

可以像宝洁公司那样，派人进驻人们的家中，与他们一起生活。可问题是，你与他们一起生活，看到的仍然是他们外在的行为和语言的表达（语言不可信，就犹如问卷调查的缺陷一样。实际上，人们多数情况下并不是真的知道自己想要什么，你知道自己想要什么吗？你也许今天喜欢苹果公司的产品，明天就喜欢三星公司的产品了。这是怎么发生的？内心有了什么变化？什么因素导致的这个变化？），**你还是需要具有洞察他们内心的能力。**

这个能力是什么？

如何具备？

这才是关键所在。

这要从进入“自己”的内心世界开始，即了解、探究、洞察直至最终看到自己内心的想法。

我们的思想及其活动过程都是一样的。你在无礼的服务态度下生气、不满及开始动摇对这个品牌的热爱，其他人是一样的；你在别人侮辱下会愤怒或屈辱的忍耐，别人也是这样的；你害怕与人发生冲突，他人也同样害怕与你发生冲突。所以，你在自己内心看到的一切，就是他人心中的一切。

另外，当你真的看到自己的内心世界后，这类似于一个觉醒，即从此你知道什么是内在世界，你已经涉足过了。就如从未去过沙漠而首次踏入沙漠后，你就对再次踏入沙漠充满信心。其实是你具备了踏入沙漠的能力。也就是你具备了知晓、感知、洞察内心世界的能力。不管是你的内心，还是他人的内心。

那么，如何觉知、洞悉到自己的内心世界呢？

显然，是冥想，也可以称为觉察。它很简单，与宗教、神秘无关，可以当作一个思考问题的方法。

你的内心、头脑一直在活动着。内心和头脑的活动是你的内在的体现。你想到要去看它们，就能看到它们。

此刻，看到了吗？

（补充：当一个人具有了洞察力，可以看见自己的内心后，如果想要了解与自己截然不同的消费群体的内心世界，那么，宝洁公司的做法就是可取的。在与消费群体的共同生活中，观察、洞察他们的内心。）

而且，宝洁公司这么做，是在一群美国中产阶级想要了解诸如印度低收入人群内心对洗衣粉的想法有巨大鸿沟的情况下进行的，如果我是中国人并在中国长大，那么，想要了解中国各个消费群体的内心想法，无须专门与他们生活一段时间。生活中，谁没有亲戚、朋友、同学、邻居、同事，以及各种媒体中所见，网络上如微博里人们吐露的想法，路上所见呢？

只要具有了观察力、洞察力，这一切都不是问题。当然，在差异巨大时，宝洁公司的做法是必要的。

冥想：精神的体验

什么是冥想？

它又有什么意义或作用？

为什么要进行冥想？

冥想是纯粹的精神体验之旅。它突破名词、概念、语言、文字、思想的外衣，直接接触、看到、体验事物的精神的存在，即事物的本质、属性、内涵、功能、意义等。

随着阅历的增长，尤其是经历的困难、挫折的增多，我们获得了很多人生或工作中的感悟。比如，你在淘宝开了一家卖当地土特产的网店，净利润有10%。第二年，同村其他人陆续又开了50家销售相同土特产的网店。很快，你的净利润只有2%左右，甚至很多时候不得已赔钱销售。在某一刻，你切实感悟到价格战的危害，以及价格战的形成过程、根源。这不再是教科书上写的或老师讲的价格战的概念、思想、理解、认识，而是看到了、接触到价格战这个事物自身，即本质，同时也看到价格战的危害、产生根源的事实本身。

当然，看到本质后，带来内心关于销售、营销的认识的彻底的革命，完全不同的行动自然就产生了。比如，那家土特产的网店就绝不会参与“双11”这样的促销活动，这不仅没有利润空间（即便没有利润空间，还是有妥协和虚假的做法的，比如先提价再降价促销），而且知道价格战的危害，开始考虑差异化，思考如何打造品牌，以及在产品上下功夫，等等。

冥想，意味着可以突破价格战的概念、思想而看到价格战自身，但无须通过类似开网店这样亲身的、多年的经历（当然还得是惨痛的经历），还要靠碰运气在某一刻自己可以顿悟，而是只要坐下来，在完全的清净、宁静中，沉思价格战这个事物。这是完全的精神之旅，不在物质世界之内。

对，这就是冥想的意义、作用所在。

我们不必是一个每天炒菜会用到酱油的主妇，就可以在冥想中知道她对酱油的看法、需求、不满、态度、期望、情感，等等。当然，也可以知道任何一类人的看法、态度、期望、不满等，比如白领或者有疾病的人群。

这并不重要。重要的是我们可以知道人们在炒菜时对酱油的根本性的看法、期望，即使这些看法也许人们自己并未意识到，甚至不赞同，但是，那是对他们有益的、适合的、恰当的看法、态度。这意味着在企业经营中的创新和正义。

这是何等的重要和有意义啊！

因此，**冥想，就是超越、跨越物质世界的经历，而直接进入、接触到、看到、感悟到事物的精神，即事物自身**。比如，对品牌的概念、解释、认识、思想，并不是品牌这个事物自身。品牌自身，需要内在的体验才能感知到，这就是冥想。

不过，需要澄清的是，冥想并不是想象、幻想，以及自以为是的观念、看法、态度或者自己视角的经验。区别在于，冥想中所见乃产生于头脑、思想、意识完全停止后的寂静之中。这就是为什么我们感到顿悟、感悟是无法言传的，即在感悟那个时刻是无思想、无语言的。

比如，一个带着强烈的竞争意识的人，会把“双赢”看作是虚假的、不切实际的、礼貌的托词，他自己也不会真的去实践“双赢”的策略；而一个弱者，就会大力赞赏“双赢”，他只是在利用“双赢”保护自己。而在冥想中，看到的是“双赢”自身。

那么，他的行动也许总会考虑到自己给对方创造了什么价值，以及会对对方没有给自己创造价值而带着正义感去谈判（尽管他可能是弱者一方）。这不是破釜沉舟、自杀式的行动，而是正义下的行动，他会得到公平的结果的。

这是大自然的规律。这样的行动，就是一个人看到“双赢”自身之后的行动，也就是看到“双赢”自身之后的表现、明证。

何不去尝试冥想：生活、学习、工作及一切的人生问题。

冥想：解析理念和观念

一次与一家企业谈话时，谈到顾客体验的问题，猛然意识到冥想作为管理工具的另外一个重要方向，即帮助企业认识到某个新的理念、观念、概念、方法、模式等的整体、结构、深度、本质。只有这样的认识，才能将这些新理念等化为己用，融为自己思想的一部分。

冥想作为一种管理工具有两个方向的作用。第一就是将理念、概念等内化。内化的重点在于通过冥想某个理念，使自己突破这个理念的概念、思想、认识而见到其本身。比如，通过冥想“尊重”，我们完全可以用内心的眼睛“看见”“尊重”这个事物自身。

冥想的另一个作用就是这里提及的看穿某个新理念、新观念的整个深度，看到其深层的内涵和本质。这才有可能转化自己的老观念为新观念。从此，这个新观念就变成自己的。

以用户体验为例。假设我已经完全认同和理解了“用户体验”是什么，以及其意义、重要性，并掌握了它的方法、工具，但是这并不能说明我就可以设计出更好的用户体验。为什么？在认同设计用户体验的深层存在一个新意识，即“将消费者视为人”。

“消费者”是一个概念，如果将注意力放在“消费者”上，意味着是放在概念上，而不是真实的人上。显然，企业所面对的是人，一个个鲜活生动的人。因此，这是一个非常不同的意识。如果这个意识不发生转变，那么，就不可能真正地会用、用好“用户体验”这个理念或工具。

不仅如此，冥想还会帮助我们发现有更深一层的意识存在。即把消费者看作是一个活生生的人之后，还意味着自己也不是营销者、设计者了（这些角色也是概念，它们藏身在意识深处)，也是一个人。那么，这就不再把自己与消费者分开和对立了。此刻，心中都是人，而无各种角色和概念。

然后，人的心中的各种活动自然就被我们敏锐地捕捉到和感知到。在看见人们的内心世界之后，设计出最佳的“用户体验”就是顺理成章的，一切技巧、工具、方法，就变得不再重要了。

总之，**冥想，是一个人学习新知识、新理念的方法**。通过冥想，可以完全领悟它们，而不是理解一些概念，记住一些新名词，然后张口闭口谈论它，但在工作中应用它时却发现自己不会用，或者按照其方法、模式做完后，得不到应有的结果。

好故事永远具有神秘感

在营销、品牌塑造、产品开发、广告宣传尤其是网络营销中，经常提及“讲故事”的必要性。对“讲故事”这件事情必须要沉思冥想，它太重要了。

什么是“讲故事”？

我们对生活都怀着美好的渴望、向往、期望。但是它们埋藏在心底，总是感到它们是不易被实现的，只是一些渴望。某一天，也许偶然看到一则广告片展示的商品或服装、手机等，顿时眼睛一亮，惊呼，“这正是我想要的”。

现在，这些惊呼也许不是偶然，而是有人专门编织一些故事，让你惊呼连连。

说到“讲故事”，首先想到的就是乔布斯，因为他太会“讲故事”了。

我们可以尝试冥想，回到首次的 iPod 发布会的现场：乔布斯从牛仔裤的口袋里拿出 iPod 说：“它的体积这么小，却可以装进 1000 首歌，能连续听 10 个小时。”想想对于一个爱好音乐的人来说，尤其是年轻人，在 2001 年，乔布斯不是给了他们梦想中的东西吗？他把人们的梦想讲了出来，并给了一个达成梦想的产品。人们早已忘记这是营销，内心的振奋和激动早已压抑不住。

看看另外一个产品的故事——无印良品一款需要席地而坐

的矮饭桌。它讲述着一个家庭团聚、和睦相处，在一起围桌吃饭的温馨生活场景。它与现代的“个食”或“孤食”的情景截然不同。你会被这张矮饭桌的故事打动吗？

这个故事还在继续（虽是知识性或研究性的角度，但是这更加不留营销的痕迹）：

矮饭桌出现于明治时代之后。之前，日本人吃饭时都各自用自己的小饭桌，被称为“各自膳”。在同一饭桌进餐，意味着关系的平等。到江户时代为止，日本一直是纵向型等级社会。比如，在一个家庭里分为至尊的家长和下属的家人、男尊女卑等上下级关系，虽是一家人也不能在同一个桌子吃饭。全家团聚，边吃边聊，也是矮饭桌出现以后才有的情景。进入明治时代，欧美式饭桌进入日本，但能够地道地享用欧美式饭桌的仅是上流社会家庭。由此，平民社会就想出了坐着享用的矮饭桌。这可谓是把“围着一个饭桌”的西洋文化巧妙地融入“坐着吃饭”的日本传统文化里。

听了这个故事后，有了买它的冲动吗？它代表着平等、家庭团聚、温馨、团结、安全感，也许还有些对日本文化的向往的满足。如果越来越多的企业会讲故事了，那么最终谁也逃不掉。

所以，这正是问题关键所在，如何讲故事？什么是一个好故事？这不是对消费者说的，而是对企业的营销者们。

不是吗？消费者们了解太多编故事的内幕了，也许就不会被吸引了。**神秘感、未知感，永远是好故事的要素。**

首先，一个好故事最关键的要素是什么？它必然是人们在

当下的生活中最渴望的一个梦想。一个音乐发烧友的“可以装在不被人察觉的地方能连续听一天也不重复的歌曲的梦想”；一个印度穷人对“结实耐用、便宜的手机”的梦想；一个缺水地区的，又有清洁信仰的家庭主妇对“节水洗衣粉”的梦想；一个低调而又喜爱“穿独特、精致衣服”的人的梦想，等等。

如果你是一个音乐播放器、手机、洗衣粉、服装的厂商，会怎么讲故事？

关键是，你是否了解人们心中的梦想？

假设在缺水的地方，你给了人们一款去污力强的洗衣粉，但缺乏“节水”这一核心优势，就算超级便宜划算、功能强大、包装漂亮、广告铺天盖地，又有美女主妇的温馨场面，分销到最小的夫妻店，你讲这个故事，会打动他们吗？

了解人们内心深处的想法并不容易，这就是消费者洞察的含义。这也是我们一直说的，在冥想、沉思中感知人们的内心世界。

洞察了人们的梦想，就已经有了好故事的脚本。至于怎么讲出来，即讲故事的技巧，就相对次要了。**卖关子、制造悬念，是有效的讲故事技巧。**先制造悬念，调动人们的好奇心，直至人们快忍受不住时讲出来，确实让人惊呼。

技巧的作用就是促进人们激动到鼓掌欢呼、热泪盈眶的程度。这当然很好，但不是关键。你讲出了人们心中的梦想，引起了人们内心的共鸣才是关键。

其次，还要说说这个编故事的“编”。**技巧可以编、设计、**

包装，但是，那个梦想，即你的产品对这个梦想的满足，没有丝毫编的余地，它必须是真实的，否则就不在我们所讨论的“讲故事”的范畴之内。

你的产品有好故事吗？

它给人们的生活带来什么样美好的帮助？

是人而不是机器在与消费者交流

在网上订了十几本书，被分了三个包裹由三个不同的配送公司送货。我本来就不愿意频繁与快递公司打交道，才积累半年订购一次。现在，我需要等待三个配送公司的电话，再下楼拿货。此刻心中有强烈的愿望，要给这家网购公司提出这个问题。

这正是我们要探索的问题，即顾客提出投诉、意见、建议的心理，以及公司恰当的回应态度的来源。

大多数情况下，如果不是很严重的问题，人们不愿意投诉、提建议。那么在什么样的心境下，人们会提出意见、建议呢？在提出意见或建议和不提出之间的微妙的心理活动是什么呢？

如果你是一个忠实的苹果公司产品的用户，在遇到问题（不是指产品的质量问题），也许会更加愿意提出。而对于随便买一个手机，对品牌并无特殊的喜爱和挑选，即便出现完全一样的问题，也许就算了，不想麻烦提建议了。

除了服务更好的公司让人感到提出意见和建议时有更大的底气，以及知道自己的建议必会被他们重视之外，关键的心理活动是，“我喜欢这家公司及其产品，我对它有种联结在一起的情感，它是我生活的一部分，它让我体验着价值观、希望、爱好的满足，比如文艺化、时尚化、付款的便捷等。如果它消失了，我会感到有些遗憾、不舍及生活中的不便。因此，如果我看到它存在的某个问题，我希望提出来，不是为了他们，而是为了自己。因为他们及其产品做得更好，我的生活愿望、生活品质才会被更好地满足”。

这就是平时在营销中常说的：“顾客喜欢你，才给你提意见。”**提意见和建议的顾客，绝对是公司的忠诚顾客。**他们的价值远远高于那些从来不提意见的顾客。因此，为了留住这些顾客，公司应该如何对待这些人的意见和建议呢？

显然，**最重要的是要回复，尽快的、礼貌的、尊重的回复。**至于回复的内容并不是关键。因为喜欢你的人，他会认真倾听你的意见，那么你的难处、困难及他自己作为个体的特殊性，都是可以理解的。这意味着，**他们并不是特别在意你是否真的解决了他们的问题，而是很在乎你是否重视、尊重他们，以及解释的理由是否合理，而这些就体现在回复中。你只要回复，就是解决一大半的问题了。**

既然回复是重点，那么怎么回复？

什么样的回复才能体现出重视、尊重、诚意？

尽量体现出是“一个人”在回复，即让他们感到他在与一个人说话交流，而不是机器。那么，自动回复就是最差的回复方式，这相当于没有回复。写到此，刚好那家网购公司回复邮件了。这个回复就是“机器式”的自动回复，即他给谁的回复及任何问题的回复都是同样的内容。不过，回复中的这句话还是有些诚意，“我们公司有很多内容都在扩充和完善，这可能需要一段时间，但我们会努力去做”。他们这个解释和表态，也是我意料之中的，我是接受的。遗憾的是，这是自动回复。他没有在情感上打动我，因此，即使这次我买了，也完全是我个人因素，他们对此没有做出任何的努力和贡献。

这次讨论的重点在于，看见提意见的心理活动，以及公司对待此事的心理活动，即公司需要深入人的内心去看问题。

另外，我们讨论的结论并不重要，重要的是在讨论的过程中直达问题本身，而不是沉浸在陈词滥调中。

有人说："顾客提的建议要重视，要及时回复。"这么说，到底是说说而已，还是就这么做的呢？如果看到了前面描述的顾客投诉、提意见的心理活动，必然会专注于行动和改善，对口号、陈词滥调嗤之以鼻。因为只有在真实中，才能看出其重要性、迫切性及其意义。你说"很重要"，与看到真实后感知到的"重要性"是不同的两个事物，一个是思想概念，另一个是实际的感知。

企业应该在真实中运营。

顾客是人，公司的员工也是人。这才是真实的世界。

产品故事展现细微内心

一个新产品，如何引发人们的共鸣？共鸣是指人们的内心被它深深地打动了，只要一看到它就会惊呼：“它就是我要的。”

这需要讲一个动听的故事。

什么是故事？**是对人们内心需求的真实展示。人们内心细微处的活动，就是故事。**

问题在于是否看到它们，是否捕捉到它们，是否足够敏感和有洞察力，是否能够进入意识深处，看到意识是如何引发的思想活动，即欲望、期望、需求、盼望。看到这些，把它们演绎出来，这个故事就会打动人们的心。

如果你是一位营销的专业人士，具有敏感性和洞察力，在主动地探寻人们内心的想法，也许你会看到。但是对于那些被观察的人们来说，他们自己却经常不知道自己的内心活动。尤其是那些细微的心理活动，更不用说那些潜意识、无意识的活动。因此，当你的故事将这些细微的、深层的心理活动展示出来时，人们不由自主地惊呼：“我就是这么想的，这个产品正是我想要的，它太完美了，贵点儿也不重要了，因为它就是我想要的。”

对于单身、小型家庭或工作忙碌的家庭来说，有时做饭只炒一个菜，或者菜的做法很简单，产生的油烟就很少、很短暂，此时开关抽油烟机总是感到麻烦、有点浪费，人们内心有些纠结。

如果你有一款无油烟炒锅（先不考虑它的无油烟效果到底如何，达到什么程度），就可以清晰、细致地讲述如何解决油烟这个问题。这是人们内心的真实想法，它自然会唤醒和激发出人们心里本就有的渴望。

讲这样的故事，需要有一颗真诚、关怀之心。这不是为粗劣的产品编造美丽的故事。

我们关怀一个人，才会想到、付出精力去了解他。只为赚钱的动机，就缺乏了去了解他人即消费者的内在动力。即便有最先进的消费者洞察方法和更大的投资，也可能只是看到消费者浅层的想法。

人们的内心想法，不是钱能买来的，也不是一颗贪婪的心能够探知的。因为贪婪之心不会对精神深处的事物感兴趣。

这样的故事不是“秋天的童话”，相反，是生活里的麻烦、忧愁，甚至是苦难。而把这样的故事讲好的人，一定是历经生活的苦难，深刻地观察和体验生活，并由此充满同情心、怜悯心和敏感的人。

观察和倾听消费者

要想创造出卓越的产品，必然是对消费者的生活有深入而准确的了解。这不是说对消费者的某个方面的了解，而是指对消费者作为一个活生生的人的了解。他是如何生活的？他的信仰、价值观、爱好兴趣、生活态度，对世界的看法，对家庭婚姻子女的看法，对未来的理想期望，对工作、学习的看法等。但是，怎么知道这些呢？我又不是他，我的生活与他的生活完全不同。

宝洁公司是这么做的。宝洁公司安派营销人员进驻消费者的家中，与他们一起生活，一起吃饭、做家务、购物，看着他们在家中讨论问题，看着他们与邻居交往，看着他们与朋友、亲戚来往。否则，一个美国的中产阶级，怎会知道印度低收入群体的生活？这真的是一个聪明的做法，了不起的创意。

宝洁公司当然可以选择优秀、聪明的营销人员，以及请咨询公司开发一些了解消费者的分析工具。可是，对于许多公司来说，尤其是中小企业，以及像不习惯调查研究消费者需求的很多国内企业（喜欢模仿，而不能创新），进驻消费者的家中就会获得洞见吗？

营销人员就是一个人、一个消费者，有着自己的生活，那么，你对自己的生活完全了解吗？

你真的了解自己对未来的期待吗？也许你是一个及时行乐

的人，根本就不在乎未来，或者对未来非常担忧和悲观，但是却被喝酒、聚会、唱歌、旅游而压抑了，反而错以为自己对未来是积极的。

你真的注重环境保护吗？买车时也许考虑最多的是安全、气派、舒适；你真的不在乎价格吗？也许出国旅游你义无反顾，但是买日用品时却总是指责太贵了。这是为了节省以供旅游，还是维护不被欺骗的自尊心……

我们不一定完全了解自己的想法、观念、态度等。如果是这样，你又怎么能了解他人的真实想法、观念、态度呢？即便你与消费者生活在一起。这是关键所在。

因此，不管是了解自己，还是入驻消费者家中去了解他们，需要的能力是：观察和倾听。观察人们的行为背后的意图、观念、意识，倾听他们说话背后的含义、深意。能做到吗？否则说要了解消费者的生活只能是空谈。

这意味着我们需要从学习观察和倾听开始。而学习的地方，就是自己的生活。观察自己的生活，倾听自己内心的声音，然后就会知道他人的想法、观念。

消费者洞察，大致是这个意思。

一个生活在中国的中国人，要想了解中国消费者的生活，如果你是一个觉察中的人、一个善于观察和倾听的人，那么，不用进入他们的家中，就会知道他们的生活。因为自己就是一类消费者，然后父母、家人、亲戚、朋友、同学、同事、遇到的陌生人（甚至火车上邻座的人，你看他们的穿着、举止、谈话内容就会知道他们的生活。那个穿着如工人的人，在火车上买水，还是拿着一个装着一层厚厚的茶叶的大水杯？他们到了车站买烧鸡、喝啤酒吗？他用什么手机？身份证上套着塑料套吗？他的鞋是否沾满尘土？他的衣服是否有了品牌的倾向？他的谈话涉及网购吗？等等)，四处的出差、旅游，只要随时在观察和倾听，就会知道中国所有消费群体的生活。

了解自己，观察倾听自己，就是冥想。消费者洞察，就是冥想在工作中的应用。

在生活中观察、体验生活

宝洁 CEO 阿兰·乔治·雷富礼在他的《游戏颠覆者》中说："宝洁是在两个关键时刻让消费者感到欣喜：第一个关键时刻是消费者购买产品的时候；第二个关键时刻是他们使用产品的时候。"

几年前，我在研究零售业和现代渠道管理时，最关注的就是消费者站在货架前面对众多品牌和产品时的选择，这是"品类管理"的核心。他们的内心在那一刻到底都发生了什么，是什么因素决定了他们的选择。当然，还会想到他们都是谁，他们做出选择的内在的人格因素。

观察和沉思消费者站在货架前的选择时的情境，以发现、洞察消费者的内心世界的奥秘、真相。这不正是第一个关键时刻吗?

也就是近几年，**我开始不自觉地关注消费者，即人们的生活方式、生活态度、生活观念。**

人们是在什么心态、意识、价值观、生活观下看待产品和品牌的。

他们如何看待手机在生活中的作用（通话功能在削弱，甚至手机号会在 Wi－Fi 下不再被需要），如何看待去大卖场购物，如何看待在炒菜时用酱油，人们在使用洗发水、洗衣粉时是否开始关注节水和环保，人们买鞋时是否开始考虑其用途而细分，人们买牛仔裤时是否将品质、舒服、环保作为非常重要的考虑因素，人们乘地铁公交车的碎片时间在看什么，他们喜欢看什么就给他们提供什么吗？

刚参加工作的年轻人在买羽绒服更注重保暖、实用还是美观、时尚？

人们在使用计算机时，是否将品质、美观、艺术性作为重要因素？

是否开始看着那些粗糙、毫无特征的计算机感到无比丑陋而无法忍受了？

人们是否开始享受榨汁机的美、品质、无噪声的高贵？

人们是否开始在办公室注意自己拿着的笔，喜欢更加时尚、个性化和有品质？

Evernote 的笔记本，独立设计师、没有名气的设计师的个性化设计的文具是否更被喜欢，而不在乎高出的那部分费用？

生活方式，不正是第二个关键时刻吗？

沉思人们对使用产品的态度、看法，沉思他们对某个商品分类的生活方式、态度、观念、价值观。进入人们的心中，了解他们内心的真相。我们为此付出沉思了吗？这个付出的价值和重要性绝不比资金（比如投入消费者调查的资金）的付出低。

了解了消费者，其他还有什么不可逾越的难度吗？

对消费者即市场的了解而带来的自信，足以带来行动的勇气，以克服外在的困难如资金，以及自己内心的困难如怯弱、犹豫、对风险的担忧等。

我们不一定每次都能准确地理解消费者在这两个关键时刻的内心真相，也许看到的仍然只是自己的内心偏见、意见、局限。但是，我们需要像宝洁公司一样去关注这两个关键时刻。

引用雷富礼书中的一句话："为了实现这个目标，我们与消费者生活在一起。"没有比这句话听起来更加舒服、喜悦和振奋了。

什么是"与消费者生活在一起"？这意味着，在生活中观察人们的生活。观察人们是如何看待生活的，观察人们对生活的热望、期望、焦虑、无助。

我们每个人都在生活中，但不是每个人都在观察生活和真实的体验生活。多数情况下，我们是活在一种肤浅和麻木的例行公事的生存状态里。

我们是这样观察生活吗？不是用自己的观点、观念、经验去看，而仅仅是观察。四处去看，随时在看。

人们在地铁中都在做什么？人们在办公室都在做什么？去问问他们，跟他们聊聊。

我们是这样体验生活吗？

在朋友聚会喝酒时，看着各自桌前摆着的手机，三星、iPhone、华为、小米等，是否有所心动？

拿起一支笔，是否感到它的粗陋难看？

是否在用 Office 写文件时感到厌烦？

是否在用沐浴露洗澡时，总是感到那些流到下水道的化学物质难以被处理？

……

在生活。

并在生活中观察生活、体验生活。

超越自我

我们的头脑中装满了各种观念、意识，还有无数的无意识和潜意识，是它们在支配平时的思考、行为、情绪。只不过平时意识不到它们的存在及其运作。被这些观念所控制，生活在观念中，最大的问题是，我们就看不到新鲜的、时刻在变化的当下的真实事物，即看不见事实和真理。

这就好比消费者已经认为你的品牌是低端、老土的形象，但是你还抱着自己是一个创新、时尚的、品牌的看法。可想而知，你看不见事实，也就想不到要去改变品牌的现状。不仅品牌会继续走向低端化并逐渐被人们抛弃，而且观念和事实之间的冲突也会让你倍受煎熬。因为你绞尽脑汁也找不到改善的方法，沉浸在挫败、痛苦、自卑中。

如果一直生活在老旧的观念中而不自知，这个人也就在被事实、企业、市场、消费者、新人所淘汰（新人并不是带着新观念，而是他们没有老旧观念，所以看见的是当下的事实。当然，随着年龄、阅历增长，他们的脑子中也会装满各种观念，成了又一个所谓的成熟的“你”。这就是我们的人生）。

由于观念是隐藏在背后的，恰好是在它们运作时（在它们的支配下思考、行动时）反而看不见它们（当然它们止息时就更无从看见它们了）。因此，所谓的独立思考和自由意志绝非是那么独立和自由。

有一次，当我看到“能为顾客服务好，产生好的购物体验，这是百货与购物中心、电商竞争的根本”这句话时，突然顿悟，看到了我对“服务”的一个老旧观念，即认为“直接面对顾客的服务”并不是零售业的核心，而是商品和品类管理。

在这一刻，我从这个观念中解脱了，瞬即看到服务已经是现在零售业的核心因素。看到人们开始重视在卖场购物的每个接触点的体验，他们需要得到积极的体验，否则会毫不犹豫地离开。这就是实体店与网店相比的优势所在。

而后，在更新的观念下，当看到“服务对我们每个服务人员来说是一个考验”这样的话时，就知道这是还未把服务当作是零售业竞争的根本观念下的想法。因为当我们说某件事情“难做”的时候，就表明我们没有把它当作是必须要做的、不得不做的事情。

我们每时每刻都生活在各种观念、意识的支配下。它们有的使我们僵化、固执、傲慢、刚愎自用、软弱、远离真理真相、落后、阻碍进步和进化直至被淘汰、死亡。

如果我们真的在自己身上看到这些观念及其活动，定会感到不寒而栗。如此过一生，实在是失去了生命、生活本身的意义。我们意识不到自己的存在感，反而是被思想、观念拉到过去和未来的虚幻世界中（思想都是旧的，是过去的记忆的积累之物。未来也不过是思想，即过去的投射）。

重要的是，要走出思想、观念的束缚，需要有意识的、主动了解自己、认识自己。对自己的内心保持敏感，并随时地观察自己。

观察自己，就是在清醒自己的头脑。

清醒的头脑才能看见当下正在发生的事情的真相。

观察自己、自我觉察，并没有什么方法和技巧。只有决定想要超越自己、追求卓越、追求真理，觉察力、敏感的心，就会慢慢地出现。

第三章
生活方式与产品

产品的精神化

随着iPhone/iPad、无印良品等进入我们的生活并备受关注，产品中所蕴含的精神因素在产品中的重要性，也从模糊和隐含逐渐清晰地浮现，尤其是那些敏感而富于创新的企业和管理、营销的研究者们。

产品中的精神因素包括人们的生活观念、价值观（如正义、公平、平等、尊重等）、人性、社会责任，以及艺术性或创意性等。这些精神因素卓然于产品本身的功能、质量、外观、成本等之外。

比如，iPhone中体现出的艺术性，即美。有一次在聚会中，看着大家放在饭桌上各个品牌的手机时，猛然感受到iPhone的精致简洁，忍不住想拿起来把玩。

艺术性中包含着“创意”的含义。其实，创意已经具有了类似于产品功能的意义。也就是说，**人们会因为产品的创意而购买，而不仅是买它的功能、品质、价格等。**我们经常会看到令人眼睛一亮的产品，也许是筷子、茶杯、帽子等，心中升起了想要拥有它的冲动，虽然知道自己并不缺少筷子或茶杯。

今后，创意对于产品来说，给予多高的重要性都不为过。

比如，人性因素，这不是指人性化的设计，即符合人体和心理的特征和习惯，而是指尊重、谦虚、人际关系的温馨、和睦、友好、自由、互助、同情、善良等，以及孤单和热闹、嫉妒和祝福、悲伤和快乐、失望和希望等人类的情感、感受。

就如谦虚，在产品设计中的谦虚体现在，设计师或产品开发者附加了多少自己的价值观、生活观念、审美等在产品上。一旦附加得过多，显然是不谦虚的，隐含着一丝自大、自以为是。而这会被用户、消费者感受到。结果可能是，与设计师有着同样的价值观、生活观念和审美的人无比喜欢这款产品，而其他人明显感觉到不喜欢和抵触。

显然，**大众性产品的开发、设计需要更多的谦虚精神。**

这种谦虚就体现在对客户需求的调查和研究的重视。相对的，iPhone 就舍弃了谦虚，因为乔布斯想要表达的恰恰是高品位的艺术性。

无印良品的产品中体现出的“合适就好”的生活观念（如生活方式、生活态度），不仅是在反对过度消费，而且也是在为建立平等的社会做出努力。因为用这种理念设计出来的产品，穷人不以用它们为耻，富人也不以用它们而炫耀。这也就涉及价值观和社会责任感。

这就是我们在此要讨论的，产品自身或者产品的本质发生巨大的变化，即精神因素成了产品的核心因素，产品的本质正在从物质因素转向精神因素。或者，产品的本质成了物质和精神的混合物。物质因素成了必需要素，犹如空气般重要，但是不再被人们所察觉，而精神因素部分变成了人们关注的焦点，它们成为人们选择和使用产品更有价值的因素。

我们用品牌的建立和服务行业做对比会看得更加清楚。

在品牌中附加上精神因素是自然而然的事情。因为品牌本身即是精神性质的事物。通过媒体宣传等手段，为一个品牌赋予“注重家庭”的生活观念是顺理成章的，你说什么即宣传什么，品牌的形象即品牌自身就是什么（先不考虑产品等因素是否在后续的经营中一直在吻合塑造的品牌形象）。

产品则不同，产品是明显的物质事物（我们今天讨论的，产品的本质正在转化为包含精神因素，但毕竟我们的观念中认为产品是物质事物还会延续很长一段时间），那么，诸如“注重家庭”这样的生活观念如何附加或体现在产品中呢？

我们先假设在产品中成功地附加了实实在在的“注重家庭”的生活观念，这就会出现这样的情景：在不做任何明显的“注重家庭”的广告宣传的提示和灌输下，仅仅是当人们在使用它的过程中，心中涌现出只有具有“注重家庭”的生活观念的人才有的感受，随后便建立了联想，“这个品牌的产品蕴含着”注重“家庭的生活理念，我很喜欢”。

这恰恰是利用产品塑造品牌的过程，而不是以精神化的广告等手段塑造精神化的品牌的方式。这意味着，**产品中的精神因素是真实存在的**。它们会被使用者感受到。

再看服务行业的例子。服务业的产品具有很多无形的因素，比如，服务人员的态度、销售场所的环境等。相比于饮料、手机等实物产品，很容易附加上精神因素。因此，对于服务业来说，附加什么样的精神因素，以及如何在日常管理中保持住它，是关键所在。

就像服务业的服务中理所应当包含着精神因素一样。现在，实物产品中包含精神因素即精神因素作为产品的一部分，也是如此地自然和真实。

显然，产品的精神化的变化，源自人的进化、人的意识或精神的进化。**人们开始从注重生活中的物质上的满足转变为追求精神上的满足。**

首先，人们变得更加个性化。这不仅意味着每个人有不同的生活观念，还意味着他会坚持自己的观念。坚持自己及与被灌输、被强迫的对抗中，生活观念或生活方式就更加成了生活中所关注的重心。这就是生活方式和生活观念的觉醒。这不在于选择哪种生活观念或生活方式，而在于生活观念和生活方式本身成了一个浮现在人们意识中耀眼的事物。

其次，个性化也意味着人性的觉醒。即明显地意识到自己及他人是一个独立的、活生生的人，而不是某个概念化的群体。“我”的快乐和痛苦、愿望是如此地真实和强烈。同时，“我”也就感受到他人的快乐和痛苦、愿望也是那么地真实和强烈。“我”从自我中心中看到其他人的存在，他们与自己一样，有着快乐和悲伤、欲望和恐惧。

人们开始了完全不同的生活。从麻木和虚幻中，走向敏感和真实。意识到人的尊严、尊重，生命的意义和独特性。面对产品或服务，会意识到，“我”不再是一个消费者或用户这样的一群人或概念，而是一个人。

比如，你的产品中的暴利定价会惹恼了“我”，因为“我”感到你把“我”当作傻瓜，或者是个被随意欺负的弱者。你看，这已经不是钱和产品的物质因素问题，而是转移到内心的精神领域。

再次，人们意识到公平、正义、平等等问题。田中一光从平等意识中觉醒，在他的工作的机缘下，将平等观念附加到自己设计的产品中，成就了无印良品。假设在“非典”期间，一家超市的食品、消毒液从未想过要涨价，而是忙于进货、筹集货物，这就是正义的行为。

最后，人们对世界、人类整体、生存环境、社会、社区、公众事务的责任产生了兴趣，开始有了社会责任感的觉醒。比如，一家提供为了让某类慢性病人生活更好的食品的公司，假设这家公司的产品非常受欢迎，但是他们并没有借此涨价即保持高利润率，而是尽量降低价格，那么，这家公司是一家具有社会责任感的公司。

如果人们的内心经历了这些觉醒即深刻的变化，那么产品或服务自然需要跟上才能生存和发展。因此，观察人们的内心到底发生了哪些变化，到达了哪个精神层次的觉醒，有多少人进入某个精神境界，这几个精神境界的转化处在何种阶段，又有多少人走到当前最高的精神境界（高层的精神境界自然就已经经历了低层境界，即有着高层精神需求的人，必然同时有低层的精神需求），等等，这是企业经营者和营销者需要考虑的一个重要方向。

即经营和营销的重点，转变为对人的关注。而对人关注的重点在于，对人的内心即精神领域的探索和观察。

也就是说，如果人们已经开始精神上的觉醒，并逐渐走入更高的精神境界。那么，产品也必然随之改变，即精神因素成了产品的一个部分，并且与物质因素相比，是越来越重要的一部分。

这个变化已经发生，毋庸置疑。

我们都是生活在其中的人，同时也是消费者。我们自己内心的变化，就是大家变化的表现的具体化。当然，具体到某个行业或某个企业，需要对自己的目标消费人群做深入的调查和观察。

困难只是在于，仍然抱着陈旧的产品观念、营销观念。乔布斯和田中一光等的成功难道不足以撼动固有观念吗？一个人的觉醒（觉醒的本意是指从过去的观念的束缚中解脱），需要他对自己的内心和生活投入更多的关注和努力。

因此，重要的不是调查人们内心的变化，或者寻找产品精神化的方法，而是真切地看到这个事实。从陈旧观念中觉醒或内心的转化，就发生在对事实的看见中。

你的产品奔跑在追求新功能、高质量、新技术的路上，还是感到已经走到一个不易逾越的功能、质量、技术的瓶颈？

在行业中追求新功能、高质量、新技术等方面，是否已经走到矫情、勉强、作秀的地步？更多的功能及没必要的、奢侈化的质量或技术是否是产品开发的方向？

或者不得已而在追求模仿、劣质材料和制造带来的低价。

或者，你通过模仿的低价划分了一个原来没有的中低端市场，而活得还不错。

但是，你也许在担心未来对自己产品的新模仿者的产品会开辟更低端的市场而挖墙脚，或者被自己模仿的产品开始注意并反击。

或者你觉得除了追求功能、技术、质量等及虚幻的打造品牌之外，已经别无他路以提升了。

总之，你是否觉得在产品的物质层面的提高中已走投无路了？

这些都是走向产品的精神化的契机和征兆。

当然，如果还徘徊、内疚在假冒伪劣的道德、法律层面中，就什么也不用说了。这是道德的倒退。毕竟产品中的精神因素都是人类的美好品质和面对黑暗、邪恶的勇气和智慧，哪有不负责任、无道德附加值的产品能长久展现在阳光灼灼之下？人在精神领域的提升，必然是走向美好、善的品质。

到此，我们应该思考如何走向产品的精神化。如此巨大的一个转变，首先要思考的是，**走向产品的精神化的关键因素是什么**。

答案再简单不过了，却是最难做到的。**关键就在于，你自己必须首先发生转变。**

就如田中一光对平等及简单生活、亲近自然、关注生存环境、可持续发展等社会责任感的觉醒，乔布斯对艺术和美、创意、精益求精的觉醒，拉里·佩奇和谢尔盖·布林对“不作恶”的觉醒，阿桑奇对思想自由的觉醒，优衣库和塔吉特对创意的觉醒，等等。

如果你不是一个具有“尊重”品质的人，就不可能在产品中设计出“尊重”的内涵，或者你只是将“尊重”当作噱头和营销手段；如果你还在崇尚“等级”，那么就自然认为制定 VIP 体系是天经地义的，你的产品中体现的无疑是等级、尊卑，即便喊着平等，那也是噱头和营销手段；如果你没有艺术素养，又怎么在产品中加入美？你认为的美也许就是低俗和庸俗。那么，你赋予产品的美或喊着的美，岂不成为人们的笑谈？

你自己发生转化，走向更深的精神境界，你的思想和行为自然随之。因此，又何谈方法、技巧、工具？假设你是一个友善的人，又何必去学习待人友善的技巧？

因此，要问如何走向产品的精神化，就是问自己：我自己是一个具备正义、平等、简朴、尊重、社会责任感、注重家庭、乐观积极的人吗？我是一个有艺术素养、懂得美的人吗？一个人的提升和改变，带动着企业、产品的提升和改变，乃至带动着整个社会的幸福、和睦。

这个“我”，不仅是指设计师、产品开发人员、营销人员，更是指管理层、企业家，因为做决策的是后者。你的审美观庸俗，或者不具备环保意识，那么又怎么能批准一个高雅的设计和具有环保因素的产品的创意通过呢？正如“青蛙设计”公司创始人艾斯林格说的：“我们那天达成了一个关键合作，为日后消费电子产品史上最成功的‘设计师 + 企业家’组合打下了基础。”企业家不一定是艺术家或设计师，但却可以是一个具有高尚、美好的精神品质和艺术素养的人。

最后一个需要探索的问题是，一个人怎样才会发生转化呢？

你看，这必须从认识自己开始。

那么，如何认识自己呢？那就是对自己的观察。

这个话题我们会在下次有机会时做深入的探索。

设计要向社会发言

这里我们探索这个问题：在设计和产品中所包含的思想、意识、观念、生活态度、生活方式、社会责任、积极的心态、正义、平等、公平的精神境界、节俭环保等的可持续意识发展、人性化的人本主义、知识化即知性的生活、美、善与平和互助的关系、谦虚而不是张扬的品德、创新和尊重差异而不是热衷于竞争、尊重礼让而不是争夺攀比，等等。

设计中包含很多内容。如果没有，那倒是问题了。

我们在讨论，到底在动手设计、开发之前头脑中的对产品或服务有着什么样的思想和意识。

经常的情况是，所有这些意识和思想连其拥有者自己都不曾意识到，或者只是朦胧地感觉到。这个结果是，不知不觉中在产品（包括服务）中赋予了自己一个错误的、不良的、消极的、对人和社会有损害的思想或意识。

比如，激烈的对抗意识（就如很多互相对抗性质的广告），鼓励浪费和过度消费的意识。或者，分明是想要在设计和产品中赋予一个观念如环保，最终的结果却没有体现出来：这是因为设计者或决策者在自己的内心就没有环保意识，或者是与环保相对立的意识。

我们想要讨论的正是这个问题，**即设计的觉醒。它是指设计者、决策者对自己对产品和设计的想法、看法、观念、情感**

情绪、意识的觉察。

设计觉醒，重点在于对这两个方面的清醒的觉察。

第一，探索设计和产品中如何体现出人性化因素，即如何设计用户体验。

用户体验或人性化，是指如何让产品更加符合人类的使用（包括食品类的食用习惯）习惯。而“使用习惯”也不是关注外在功能上的习惯、舒服及口味、营养等，而是关注作为人的内心深处的个性化的想法、理念、思想、价值观、生活态度、生活方式等。也就是在产品的使用中，让人们体验到生活的幸福感。幸福感包括安全感、方便、友好和谐的态度、健康、便宜等。

比如，手机中的摄像和拍照功能，使人们更加方便地随时记录下自己的生活片段。在这之前，人们必须准备好摄像机或照相机。但是，在日常生活中，精彩、有趣、有意义的瞬间稍纵即逝，谁会随时带着照相机呢？

还有 iPhone 的 iOS 系统的安全性，使人们用手机支付变得放心。人们放心了，自然就感到方便、快捷了，生活的乐趣就增加了。假设我在去火车站的车上就可以用手机预订 2 个小时之后的高铁，那么我就可以更加灵活、充分、有意义地安排和利用自己的时间。

假设一款化妆品是像水一样稀释的液体，需要喷在脸上。但是在冬天，在没有暖气的江南等地区，早上喷在脸上的瞬即是冰冷的。除非我特别喜欢这款产品，否则我就会考虑更换。瞬即的冰冷虽然可以忍受，也没有什么大不了的，但是，如果很容易避免，为什么要经历这个冰冷呢？那么，这款产品有没有意识到使用者的这个感受呢？

这就看出来，要想设计出最佳的用户体验，必须对人们的内心世界有深入的了解，即消费者洞察，或者叫生活方式的洞察。消费者洞察一般是指到消费者实际的生活里去经历一段时间的体验而有所发现，从这个角度来说，冥想是在头脑里去经历消费者的生活。

大部分方式和技术都没有冥想更加深入而精确地洞悉人们的内心世界了。大数据是另外一个好方法，冥想与它有同样的效果。不过，大数据的难处在于，除了获得的难度和费用外，面对大数据的分析是关键。也就是说，大数据的意义在于，通过数据而看透人的心理。因此，大数据最终也是依赖于人（分析人和决策人），依赖于他的洞察力。这就又回到了冥想。

第二，明晰产品会对社会带来的影响。

企业如何通过产品影响社会生活呢？一家企业如何通过产品而为人们生活的持续的幸福做出贡献呢？

我了解了顾客的一个需求，然后就自然地会设计和生产相应的产品满足他们，利润也就随即产生了。但是，假设这个需求的内涵是虚荣，比如有些人喜欢过度的包装或颜色。如果一家企业一味地迎合这些人的需求，即便他成功地赚钱了，但是他的行为是在破坏人类未来的生活。显然，一家企业的破坏力远远大于一个人。

此刻，正是在思考这个问题，**企业如何在产品即对产品的**

设计中体现出对社会的责任和积极的影响，而避免对社会、环境、地球、人类的共同生活家园的破坏？

在虚荣心支持下的消费理念，自然是喜欢奢侈或特殊对待。从企业角度当然应该开发相应的产品以满足他们，比如飞机的头等舱。但是，当企业完全关注这些需求即完全的利益角度，那么就会慢慢加剧社会不平等的现象。

这比用户体验更加深入了一步，不仅考虑到个人、个性化的思想和感受，还在考虑设计思想或产品的内涵中所包括的对社会的积极影响。这正如无印良品的设计者田中一光所说的："设计定要向社会发言。"

生活的幸福感来自哪里？除了物质的丰富、理想的实现、欲望的满足等人性的因素，以及环境、可持续发展外，在心理上，在社会和公众层次上的因素恐怕更加重要（尤其是在物质生活得到基本满足后），比如社会的公平、正义、平等、自由、尊重等。

无印良品的设计的出发点是"No Brand Goods"，即无品牌的商品。无品牌，即无身份差别。

这意味着，企业首先建立起以自己的产品对社会施加积极影响力的理念。然后，就是如何将一些积极的生活理念附加到产品中。但是，若真的做到这一点，企业人首先要具备这些生活理念，比如"合适就好"。如果只是在思想上认同这个理念，而不是在意识深处发生转变，那么，在产品的设计、生产等各项实际工作中，是无法真正地做到的。因为老旧的意识仍然在起作用。

比如，支持“合适就好”的设计理念的深层意识是环保和平等。那么，如果设计者、决策者根本就不具备环保和平等的意识，又怎能在设计中体现出它们呢？就如我们一贯的等级观念，会经常训斥下属而毫无尊重之意，那么在设计产品中也会自然倾向于分别出等级高低。

一个人的等级意识如何转变为平等意识，这需要对自己的观察和觉察。在日常的生活和工作中，时刻觉察自己内心浮现出的思想观念，如等级观念、贪婪、追逐享受等。在看到它们之后，内心的转化也就有可能发生。这就如黑暗在光照（光就相当于人对自己的觉察、自我意识）下自然就消失了。

一个已经转变为平等意识的人，他再也不会斥责下属了，他再也不会觉得坐头等舱有自豪感、优越感了，也许稍微觉得有点歉意，他开始注意到自己的产品的包装有过多的颜色和用料过度了，等等。

只有在具有环保意识后，这样的行为才会发生。比如，日本人将自己不用的东西放在街上，让用得着它们的人随意拿走，实在没有人要的东西才做最终的垃圾处理。一个没有环保意识的社会或社区可以模仿，但是最终有效吗？不会，恐怕只会流于形式，或者最终成为一个与利益有关的活动。

一个设计觉醒的企业，犹如有着“设计定要向社会发言”的理念和认识的企业，他们必然是成功和优秀的。因为你的产品给人们带来了平等、尊重，与他们追求环保的理念等吻合，他们怎会不回报你？这个回报就是持续的购买和品牌的忠诚度、不断的口碑传播、接受更高的价格。这是健康、可持续的、友善的、正义的利润。

为了更加幸福美好的生活，我们需要设计的觉醒。而这需要我们每个人意识的转化。转化，来自对自己及自己内心的觉察。

如何洞察消费者的内心

体验是现在的热门话题。即在产品或服务开发、设计中重视消费者或用户的体验。

要想让人们有好的体验，首要条件是了解人们的心理，也就是消费者洞察。可是为什么却很少有公司能够提供更好的体验呢？为什么企业中的人们不能设计出更好的体验呢？

然后，问题也就转化为：**为什么不能、没有洞察到消费者的内心深处呢？**

显然，要想设计出好的体验，必然是要了解人们的内心。因此，体验的关键是了解人们的心理，这是起点。所以，这里想要探讨的是，在设计用户体验的深处的一个意识。

一个企业人员，已经完全认同和理解了设计体验，并掌握了足够的方法，但是这不足以就可以设计出更好的体验。为什么？在认同设计用户体验的深层存在一个新意识，如果一个人没有改变这个意识，那么他就无法真正地设计出一个好的用户体验，这个意识就是“将消费者视为人”。

也就是说，你不能再把自己与消费者分开，即认为别人是消费者，而自己是企业的人员，比如设计者、产品开发者、营销者。你和任何其他人都一样，都是人。这就引申为，不仅要把消费者当作人，也要把自己当作一个人，而不是一个产品设计师或管理者等。

存在这种对立，就设计不出超凡脱俗的用户体验（当然，模仿加稍微创新及运气，也许会出现一次好的体验的设计）。

这是一个巨大的意识的转变。不是吗？我们一直不都是在心中把自己排除在消费者之外的吗？

因此，一个人若想真的设计最佳的用户体验，他就必须转变其内心关于自己与消费者对立的观念。

如何转变？意识的转变不是那么容易的，甚至意识就是指挥我们的思想和行动的根源动力。

这就需要觉察自己的内心，即观察头脑中的各种意识。探索心存的观念，剖析它、研究它。在看透了老观念，即自己与消费者的二元对立的意识及用户体验设计的巨大冲突之后，观念、意识的转变自然会发生。

其实，我们还是要时刻地觉察自己，保持敏感和警觉，时刻清空自己的旧观念、经验。否则，无法真正接受新事物、新观念。

也就是说，一个新的观念、理念的深处，隐藏着相应的意识或更深的一个观念，即这个深层的观念生发出这个新观念、新理念。因此，如果我们在接触到一个新的事物、理念时，没有同时探究和学习它深层的观念、意识，其实就无法真正地运用这个新理念。

用户体验的设计只是一个由头。这一生，我们会面对无数的新事物、新观念，对它们每一个的理解、接受，都需要先深入探索它们深处生发出它们的那个新意识。

这样的一个人，不仅是一个看到事实、真理、真相，创新、时尚的人，还是一个深刻的人。他的人生也就是深刻的。

设计中的谦虚

谦虚意味着不认为自己及自己的观点高于别人，或者自己必是对的，别人的不同意见必是错的。因此，谦虚是平等和尊重的体现。我们看看谦虚如何在产品设计中显化、体现。这有利于我们更加深入地了解谦虚及平等和尊重，而就在这份理解中，它们也许会成为我们素质的一部分。

如何在产品设计中体现出谦虚？或者，你的设计是谦虚的，还是自以为是的、自负的、傲慢的？

每个人对一件事情都会有自己的喜好、偏好、观点、看法、意见、审美观、风格、价值观、立场等，作为产品设计者是在创造一个未曾出现过的事物，那么，他是否将自己的喜好、观点、看法、审美、价值观、风格等附加到设计作品上？或者，根本是在不察觉下在以自己的所有的个性化的因素加诸到设计之物中？

首先要界定的是，产品或服务不是艺术品，因此产品设计者并不都是艺术家，即便也许具有艺术家的才能和能力。设计之物是给人及社会以用途，这是与艺术的不同之处。

设计者如果附加了太多、太浓厚的个人化的元素，这不是说对错的问题，他的设计就是不谦虚的。

他没有留给使用的人们以个性的余地，即这个做法实际上是以设计者自己的个性压抑了众多使用者的个性。作为艺术品应该如此，可是作为产品或服务，则是致命的一个问题。比如，一件极其精美、复杂的茶杯，它会被人喜欢。但是只会被那些刚好喜欢这种花纹、质地、造型等的人的喜欢，这就隔离了其他的人。

也许会说，产品就是满足某一类人群的，即市场细分及市场定位，这当然是应该做的。不过，这里的问题恐怕与市场细分、市场定位是不同的事情。

假设那只茶杯同样是满足高端市场，但是，它如果太具有个性化，则可能只会被高端市场上的极少数人喜欢。这意味着这个设计在进一步细分市场，是在市场规划之外的设计者的不谦虚而无意中细分的市场，而且它再次细分的市场也许太小了。实际上，由于它的设计上太具个性化，而自己舍弃了范围更大的市场，这就是设计中的傲慢、不谦虚的危害。

可是，如果没有深入理解过、讨论过设计中的谦虚问题，即便在市场上已经发生了这个问题，企业中的人恐怕并不知道到底发生了什么。不知道这个茶杯不能畅销的真正原因是什么。

或者，**设计者的个性化元素至少需要保持适度，即不会加入太多个性化而只被少数人喜欢。**

这也就是如乔布斯等人倡导简单设计的原因之一吧。试想，复杂，就是设计者将个性化的因素加入得太多，在旁人看来就是复杂，这就是设计中的不谦虚。

复杂，就是设计的不谦虚；简单，即是谦虚。当然，如果追求简单、极简的风格，那就与这个人是否谦虚无关了。

谦虚，意味着被更多的人喜欢，即销量、市场。这正是谦虚的内在规律。

有一个细节需要关注，即精致。简单，是精致的。否则粗糙的简单，就犹如假冒伪劣产品。其实可以说，小心风险：如果做不到精致，那么宁愿复杂点。

一个很大的问题是，设计者如果没有觉察自己或自省的能力，他其实不知道在设计上加入太多自己的个性因素，他是无意识的行为。甚至他都不清楚自己有什么样的价值观、审美、观点、想法等，也许只有一些模糊的感觉、印象，他就需要在自己内心多下功夫。这就与艺术素质、专业性无关了。

一个有自我觉察力和敏感的人，他不仅知道自己内心的一切，也同时知道其他人内心中的渴望、需求、喜好、价值观、审美观。他既可以做到极简，又可以加入他观察到的其他人的喜好、审美。不管怎么做，他都游刃有余。

他是设计中的大师。因为他了解自己的心，并了解他人的心。

购买动机和人的境界

偶然看到“天下网商”中的一幅图——《消费者八大常见购买动机》。**对消费者购买动机的总结很精彩：求实、求新、求名、求美、求优、求廉、求便、嗜好。**

企业可以根据这八个购买动机，设计自己的产品和制订适当的营销方式。比如，如果自己的产品或品牌所面对的是以“求实”为主的消费群体，那么，产品的设计应该重点在功能的强弱、多少及能力的突出上。广告诉求当然是强调产品的功能卓越等。假设企业没有对自己的目标消费者有明晰的分析和认识，那么在广告中突出时尚性，岂不是愚蠢的行为？

借此再探讨一个相关的问题，购买动机和人的境界。

从整个市场来看，这八个购买动机是同时存在的。只是每个动机中的人数多少的问题。我们还可以思考一个问题，在这八个购买动机的层次、进化、发展演变中，体现着人们什么样的生活重心或精神境界的差异及演化规律？对此的观察和探索，有利于企业对未来的把握，即一个创新的、不愿意跟随他人的企业所应该考虑的问题。

“求实”和“求廉”，是第一阶段。处在这个阶段的人们，生活的重心是改善物质生活条件。人们根本意识不到，也顾不上考虑精神层次上的需求（精神需求一直存在着，只是这些人在这个阶段意识不到它们的存在）。

更好、更多的功能，以及更便宜的价格，就是人们关注的。不管奥妙还是白猫的洗衣粉，谁便宜、谁在做促销就买谁的。这也意味着人们还没有形成品牌意识。如果企业在这个阶段重在打造品牌，那么它可能是在为未来做准备。否则，就是失当的策略。

“求优”和“求便”，是第二个阶段。随着买的东西越来越多，人们开始意识到使用体验和购买过程体验的存在。使用过程使人们积累了丰富的产品知识，大家可以分辨出哪些是更好的洗衣粉、空调等。关键是这些产品知识使大家意识到质量的差异。这就如人们在食品充足后，突然意识到口味好、好吃不再是吃饭中最重要的因素，营养、健康、安全被意识到并越来越受到重视。

此时，品牌意识也渐渐形成。就如宝洁公司说的：“我做了更好的产品，那么我就希望人们知道那是我做的。这就是品牌的初始。”

当大家有了丰富的产品知识后，对挑选产品已经不是很关注了，因为已经胸中有数，开始意识到并重视购买的便利性，因为不管是去哪里买，都是买这些产品，如对网购的喜欢。也就是说，这个阶段的购买需求推动了电商的蓬勃发展。

“嗜好”和“求名”，是第三个阶段。人们的视野开始从物质转移到精神层次上来，虽然是最低级的精神层次（其实这个精神层次仍然是物质性质的）。

从物质迈入精神的第一步，恐怕就是身份感、优越感。因为必然是更有经济实力的人先进入精神追求领域，他们自然就会把物质上的优势凝结为精神上的一个元素，即优越感。**那么，怎么体现出他的优越呢？在穿着、汽车、钢笔等一切用品上追求更好的。**穿上名牌西装，包里装着名牌化妆品，优越感得到了满足。

这也许是喜爱奢侈品品牌的人的内在因素之一。奢侈品本身的产生也许不是这个初衷，而是对精湛、精益求精技术的追求、诚信、卓越的信念等的结晶。但很多购买者的需求中含有虚荣心。

优越感总是被满足，也有厌倦的一天。新的意识开始萌动，人们开始注意到自己内心的需求，即爱好兴趣。比如旅游、运动、看书、收藏、开车、家庭生活等，既然注意到自己的兴趣爱好，自然就会在生活的用品上体验出来。这时，人们意识到自己挣来的钱不仅用于满足生活中的必需品，还为了满足自己的爱好而花钱。即便余钱不多，也可以节省其他方面的开支而留给兴趣爱好方面。

此阶段，是品牌意识最强烈的。

“求新”和“求美”，是第四个阶段。在这个阶段，人们意识到炫耀自己和优越感并不是什么优良的品质。关键是随着产品知识的进一步丰富，人们开始对产品有了更高的品位、鉴赏力。

同样是手机，功能、品牌、价格不再是最重要的，因为体验到手机拿在手上时那种精致如艺术品的感受，还有那些提高生活质量的、精致的 APP 等。人们开始欣赏它们的艺术性。同样，对购物场所的要求也不仅是便利、便宜，而是进入艺术馆般的体验。

在这个阶段，构成品牌的核心是艺术性，即不管企业做了多少广告，如果广告诉求的内容和形式没有艺术性，那么恐怕也只是打造一个知名商标，而不是有价值的、受人追捧的品牌。

另外，由于艺术性是体现在产品及其对它的使用体验中的，因此产品的重要性大大提高，而品牌的作用却在减弱。减弱的含义是指品牌又开始回归作为一个商标、产品名字的识别功能上。

这八个购买动机是一个由低向高的发展过程。这意味着，对于每个人来说，都会经历这些阶段。只不过从整体市场来看，人们各自处在其不同的阶段中。

在这其中隐藏着一个问题，对于企业来说，应该有整体的眼光，即看着自己所在行业中的消费者到了哪个阶段，有多少人进入某个阶段，趋势如何，转化的速度如何。这对于一家领导企业或以创新为核心的企业来说，至关重要。比如，如果企业在人们进入第四个阶段之初、萌芽阶段，就开始调整产品或服务定位，这就处于变化的前端，即在引领行业。

这样的企业怎么会不成功呢？

其他企业的结果就可想而知了。跟随、模仿就只能拿到极低的利润，做着低端和过时的市场。

善良是美。它展现在默默接受着陌生人的孩子的无礼淘气中，它体现在为了方便消费者的使用而努力的头脑风暴中。

创意来自道德、良知和生活

“我们关心的不是设计，而是创造力。”菲利普·斯塔克正在寻找英国最有前途的新人设计师。通过全国选拔，12 名怀抱热情与梦想的设计师来到巴黎斯塔克设计学院学习。他们的目标是把自己的设计思路变成真实的产品。

没有创造力的人生，就只是索取而无奉献。

“当你以这种价钱买了这么好的自行车，就意味着你用了奴隶……你是奴隶制度的伙伴。”斯塔克通过这个例子，告诉学员们，要知道去探究产品背后道德的、人性的、正义的、善恶的、良知的故事。

这不是在谴责、抱怨什么，以及对什么表示不满，而是说**如果一个人在灵魂中真正有了环保、公平、平等、正义、自由等意识，他会将它们体现在生活的每一刻、每个地方。**

一个学员在家乐福买了一盒微波炉用的婴儿有机食品，他解释“这是环保”的体现。斯塔克说：“你说得对，但是太简单了，这几乎是懒惰，我恨懒惰。”又给了他第二次机会解释，让他思考 10 分钟。他说：“妈妈照顾婴儿，肯定会睡眠不足，微波炉食品节省了妈妈的时间和精力。”斯塔克说：“我喜欢你。”

斯塔克拥抱并亲吻了他，他被录取了。这意味着他认为这个微波炉用的婴儿有机食品是有存在价值的。设计它的产品经理为某一类婴儿妈妈解决了睡眠不足、困乏的问题。她们也许需要上班，或者比较追求自我生活，或者是体质较差的一群人。

斯塔克说："不是在设计产品，而是在设计生活。"**扔掉无谓的理论，面对生活的真实，才能设计出最杰出的产品。**头脑不要懒惰和肤浅。一辆自行车确实代表环保，这是谁都知道的，你要探索到其背后的故事。当然，那辆如此便宜的自行车隐藏着制造者的艰辛，法国公司拥有品牌，而法国人在购买，他们就难逃指责。

这就是斯塔克所说的产品或设计背后的故事。虽然关于制造者的艰辛与环保是两个不同的问题，但前者确实是这辆自行车隐藏的真实故事。这辆自行车作为解释环保的产品，显得太浅显而无创意，而它真实的故事就是制造者的艰辛。不过你是设计师，可以不为这个自行车设计，这是一个高尚的选择。

我们看到了，生活的真实，深入灵魂中的环保意识，平等、公平、正义的意识，关爱、理解、同情、善意、认真、高尚。而这些都融化在他这个人之中，然后，就会融化到他的设计之中，最终体现到产品、作品中。它们成为我们生活的一部分，给我们带来价值、意义、幸福。更重要的是，其中包含的正义、平等、公平、高尚、善意和同情等。

一位女学员谈到影视明星及足球明星等代言的产品给产品带来的多出的价值或意义对男孩、女孩们的影响，她认为这是浪费、不环保的。斯塔克说"我喜欢你"，轻轻亲了她两口。当然很多人不赞同，更不用说那些年轻的男孩、女孩们了。

斯塔克说："30 年前的设计以精美器物为主，一个设计师的作品售价非常贵……更不用说买得起，这是可耻的、庸俗的，过时了。这就是我极力推广大众设计的原因。”他所表达的正是平等。

我们还在热衷于奢侈品等类似的事情中吗？

当斯塔克说这是过时了和可耻时，表现的是意识的差异。追求奢侈品及所谓的奢侈品营销，不正是自我享受的意识的表现吗？

在自我享受的意识下，奢侈品，毋庸置疑，但是在平等、公平、可持续发展的意识下，那就是可耻的和过时的了。

斯塔克给这些来自英国的学员们第一个试题是，在当今人类发展的现状下，地球资源被过度开发争夺浪费中，设计哪些是对人类发展有益的、有存在价值的产品？这意味着一个好的设计师，不是从自我中的奇思妙想和个人天才出发，而是从真实生活的、有益于人类的更高层次的人类意识、观念里获得的创造力。

这意味着一个人，不论从事什么工作，他如果是一个具有和推崇创造力的人，他的意识必然是关怀人类共同利益，而不是自我的个人利益。这样的人才是具有创造力的人，他们的工作成果才是具有创造力的产品、作品、思想、行动等。世界，就是在他们的推动下进步的；人类，也是在他们的推动下进化的。

也许我们在思考解决中东冲突问题、粮食危机、全球环境污染、水源、能源、全球变暖、癌症、地震等，但这不一定是真实的爱心。**作为一个普通人的我们，爱心是在微小的事情里**

展现的。比如，自己年迈的父母，沉溺于游戏的子女，为找工作发愁的亲戚，得病中的家人，紧张、失落、沮丧中的同事，等等，我们感知到了、关注着、关心着吗？

斯塔克说：**"我们要设计一个合乎道德的、环保的、以民为本的日常用品。记住要有灵魂，不要忘记真诚，不要忘记道德。"**

我们的产品，都包含什么？贪婪、欺骗、榨取而不择手段、无耻、暴力、肤浅，总之一切都是不为任何他人负责任的、围绕着自己的欲望满足的赚钱。道德缺失也存在于设计和生产的产品中。

斯塔克没有让学员们设计椅子、牙刷等具体的物品，而是强调所设计的物品的灵魂，即道德、环保、真诚、正义等。大家从道德、真诚、正义等为出发点去思考设计物品，那么，大家就直接地、真实地接触到道德、真诚、环保的本身。这是一个内在之旅，而内在及其正义、良知、真诚正是创造力的来源。

有些人正在如此工作着、生活着，而我们呢？

停留在椅子、牙刷的物质层面去思考，我们怎能创造出触动心灵的神圣之歌？

怎能创造出流芳百世、福泽子孙万代的产品？

改变和代表生活方式的产品

也许我们已经接受了“营销的核心是产品”的观念（也就是企业的核心是产品。另外，本书中提到的产品都包含服务行业的服务，更特指实物产品），不管是来自自己的工作实践，还是来自其他人的启发、提示。

问题是，什么是“营销的核心是产品”？

什么样的行为和思想才是将产品放在营销（或企业）的首位？

我们是否在意识深处发生相应的转化？

否则只是头脑中的观念，并不能带来平时工作的行动。

我们从探索什么是“产品”开始，这不是说要探索产品的概念、定义，而是为了澄清各自头脑中对产品的认识、观念。我们不是为了达成一致，而是为了看清楚。

首先，看看哪种本质上是模仿的产品。

这些产品的特点是，产品的核心或灵魂是模仿的其他产品（即便在功能、外观、性能、使用方式等方面有些改善和提高），以及与竞争对手的产品并没有本质上的差别（在技术、功能等方面只是“量”上的差异），这意味着这些产品的灵魂是一个。

如果企业的主导产品都是一些模仿性质（包括同质化的产品）的产品，那么说“营销的核心是产品”这句话还有意义吗？

这其实是在说："我的企业或营销是以模仿、复制、跟随、修补改善领导的、创新的产品为核心，以及我的企业或营销是在以与竞争对手没有什么差别的产品为核心。"

这不是我们说的"营销的核心是产品"中的产品，何况以这种产品为企业或营销的核心是明智的吗？这样的产品有可能塑造成真正的品牌吗？企业会获得有品牌支撑下的合理的利润以支持企业持续创新和发展吗？

我们看得很清楚，**以模仿为本质的产品为企业或营销的核心的看法根本是不成立的**。可以这么说，**对于以模仿为主的企业而言，越是以产品为核心，越是走向低利润、无法创新、无品牌价值的不可持续的方向**。

不过，以模仿为本质的产品的价值在于，填补领导产品、创新产品制造出来的相对立的那个市场（任何一个革命性新产品的出现，总会同时制造出一个与它对立的市场，如 iPhone 出现后，便同时制造出一个以开放为核心的安卓平台的市场。这是苹果 iOS 系统封闭制造出的与之对立的市场），**以及它们剩余的市场**（如低端市场、创新产品没有能力满足的市场）。

这就是模仿本质的产品给消费者带来的价值。从这个角度来看，"营销的核心是产品"就有意义了。站在消费者的角度来说，坚持"营销的核心是产品"，就是为这些市场上的消费者创造价值。这些消费者会对模仿性质的产品心存感激。因为它们提高了他们的生活质量，给生活带来了方便和改善。

不过，同样是以产品为核心，其内涵或方向应该是研发如何获得更低的降低成本即价格，以及根据这些市场上的消费者的需要而对产品功能等进行以简化为方向的改善和定制。

这么做的企业，必然是一家良心的企业。它们同样会得到一个真正的品牌。

其次，依据消费者需求开发的产品。这是在模仿为本质的产品上一次大的进步。

本来企业的本质就是为了满足消费者的需求，这里的依据消费者需求开发的产品中的“消费者需求”是指消费者普遍意识到的需求。比如，现有产品的明显的缺陷、问题；类似于垄断行业中的企业明显的服务质量低劣、对消费者不公平的定价、服务等的政策；消费者需求的核心发生了改变，但是由于行业中的企业缺乏洞察力或创新能力或运营能力，都没有更新产品或服务。

从企业角度来说，就是指可以通过调查、询问而明确得知消费者的需求。

当然，对于企业更有意义的是，因为市场总是在不断地细分，而这就是新的需求或者是消费者未被满足的需求产生的地方。

这样的产品能说“营销的核心是产品”吗？

这样的产品采取以“营销的核心是产品”的理念是否合乎逻辑、理性呢？

恐怕不是。“依据消费者需求开发的产品”的企业及营销的核心就是对消费者需求及时、深入地了解和快速、准确地响应，即第一个知道消费者的需求并准确理解，以最快的速度开发出满足这个需求的产品或服务。

那么，谁对消费者未被满足的需求、不满意现有产品而出现的需求、新近出现的需求变化及趋势更加了解，谁就能占据市场，建立起真正的品牌。你掌握了消费者需求的信息，这就是最宝贵的财富，至于生产、资金等并不是核心所在。因为这样的产品本质上依然是与现有产品类似，即便是产品创新，但一般也不是革命性的产品创新。

那些重视和擅长了解消费者需求的企业，真正在企业及其运营、营销中做到“以消费者为核心”的企业，必然是开发这种产品的赢家、高手。

这仍然是在做一个已存在的市场，只不过更多的可能性是从总体市场、大市场下开辟新的细分市场，比如更高端的细分市场，以及向改善、提高行业整体提供产品和服务的水平的方向上发展。

一个真正了解、研究、尊重消费者的企业，必然是一家受到人们欢迎的企业。他们在为市场、社会、人们的生活创造价值。消费者自然会想到，“这家企业和产品如此体贴，解决我们生活中的问题，希望它越来越好。”

最后，源自对生活的洞察的产品，这是我们讨论的核心。

这就是亨利·福特那句名言的含义：“如果我最初问消费者想要什么，他们应该会告诉我，‘要一匹更快的马！’”也许正是因为他对这个观念过于执着，导致他忽视人们对多样化的需求而始终坚持传统的一个颜色的T型车而走向没落。这并不是说他的这句话是错误的，而是说他错在对这句话的含义过度地、过分地执着。

这个产品的出现不是基于对消费者的需求的满足，而是企业对生活本身的洞察。也就是说，这些需求是消费者也还未意识到的（存在于潜意识中）。换个角度说，这些需求是人们对生活的美好的期望、向往。有些人朦朦胧胧地意识到了，有些人清晰地意识到了，当然有些人根本没有意识到，这就是为什么当这样的产品出现时，会引起人们的惊叫，“这正是我想要的”，只不过人们并不是企业相关人员，所以根本无法将对生活的期待和向往想象为一个产品，这不是他们的专长和职责。

即便你问人们，他们也绝不会描绘出一个清晰的包含着对未来生活美好向往的产品概念、模型。这完全超出人们的想象、思维的框架、职责的范围，还是亨利·福特那句话经典，它准确地说明了这个现实。

针对“源自对生活的洞察的产品”的营销的核心是产品吗？当然是。

产品就意味着人们对美好生活的向往、追求、期望。换句话说，**产品就是人们对美好生活的向往这个精神事物的物质体现**。人们通过使用它们，而获得更加美好的生活的真实体验。它们决定人们生活的美好程度及实现，它们会改变人们的生活方式和观念，它们本身就代表一种崭新的、更加美好的生活方式。

只不过，此产品的本质发生了转变，即精神事物成了产品的核心，即产品的功能、质量、外观等不再是产品的主要内涵。例如美、艺术化、创意、人文精神、环保和贴近自然，人性中的尊重、正直、正义、公平、平等、自由等，以及企业的社会责任，等等。

比如，iPhone 中体现出的艺术性即美；极简、留白的设计风格体现出的谦虚；无印良品的产品体现“合适就好”的生活观念。

源自对生活洞察的产品，显然创造了一个新市场。不是一个细分的新市场，而是一个整体的新市场。实际上，说这是市场甚至有些降低了这些产品的价值，因为它们开创了一个新的生活方式。这才是真正的创新。

这样的产品会把公司和品牌推向人们喜爱、欣赏、赞赏的高峰。

这就是我们经过探索所希望的：我们就是他们。

生活的长河不断地流淌下去。总会有更美好的生活观念、生活方式在未来某处等待着。那将会是下一个苹果公司、乔布斯、iPhone 的机会。

第四章
公司与产品、品牌

变化的“时尚性”

Evernote 由一个软件产品延伸至袜子、背包等实物产品的成功，就是因为其品牌的时尚性。就像 PhilLibin 在发布会上说的“是的，我们现在是一个时尚品牌了。”（摘自《工具的品牌化》）

什么是时尚性?

它对品牌的意义是什么?

它为什么能支持如此大跨越的产品延伸?

在下面这些差异很大的实例里，更容易看到活的“时尚性”，而不是概念、定义。

（1）时尚性，具有奢侈品的某些品质。

因为时尚意味着年轻人的选择，代表对生活的信心、乐观、自信、张扬，以及对自我成就感和未来的满意和向往。这些正是时尚性和奢侈品共同的因素。

那么，一个品牌保持时尚性，它的品牌价值就会更高。因为这个品牌具有了积极，有美好未来、憧憬、向往、乐观、自信的形象。

这些精神因素本身就有不同层次的力量，不同的力量意味着不同的价值。

（2）家乐福定位于中产阶级家庭，就把时尚性作为一个很高的战略高度。

时尚性就体现在产品、品牌的选择和卖场环境设计等方面，乃至倾向于招聘崇尚时尚性的管理者、员工。

（3）现在的广告必须有艺术性、时尚性。

这成为广告的必然因素，因为现在的消费者可以主动选择媒体，捆绑、被强迫看广告的时代结束。这是一个做广告的基本出发点的改变。

那些有人文情怀的、人性化的、漂亮的、艺术化的广告，才会被耐心地看完。

（4）在超市，时尚性的意义并不仅仅在于引进新产品（这是手段，可是在日常工作中，人们慢慢地就忘了初衷，而陷入手段中），而是它会吸引更多的年轻人。

他们舍得消费，这意味着更高销量和更高的毛利率。

（5）iPad 市场的下滑，其背后是平板电脑这个分类的时尚化在蜕化、消失中，即平板电脑逐渐成了大众化的、日常的产品。

由于苹果公司的品牌形象一直是创新（时尚性就是创新的消费者的体验）和高品质、高品位。显然，这个形象不适合大众市场。也就是说，并不是苹果在变，而是平板电脑在消费者心中的定位在变。

当然，如果在平板电脑、智能手机等领域彻底地变为大众化、日常化的产品之前，苹果公司没有开发出代表新的行业市场、新的领域的产品，那么，这才是苹果公司最大的生存危机。

做有责任心的产品和品牌

从市场的角度来看，不考虑品牌定位下，定价高到顾客太少，即是太高了；定价低到顾客太多而超出自己的生产能力、服务能力，则是太低了。后者情况，一个喜欢规模、无品位、无责任心的人会很开心，他可以扩大生产、OEM 生产、再开店，但是他的产品或服务的质量会如何呢？

这样的人是有品位、有责任心和爱心的：**他坚持只做这么多的产量或服务量，不管市场的诱惑有多大。**

我们能做到吗？

在目前的环境下，没有几个人能做到。

沉睡于欲望中的人，怎能有爱和品位？

一个有品位的产品，可以让一些人体验到什么是品位及提升自己的品位。虽然这样的产品和品牌不一定能占据最大的市场份额，但是它们给人类社会带来了价值。

还有一些产品和品牌是高尚的。虽然它们没有革命性的创新，但是它们通过某种模式性的创新带来了低价（如 Andriod 系统），或者直接带来大众性（如维基百科免费让大众获取人类知识），它们使更多的人尤其是低收入人群的生活更加美好。

但那些通过压低工资、偷工减料等做法的低价的产品，它们给世界带来的是不公平。

如何让科技化体现在互动中

什么是科技化？什么是品牌的科技化？可以理解为品牌形象、定位中被赋予的科技化元素。

技术、研发领先，就是科技化吗？对企业来说确实是。但对于消费者来说，可能不是。**企业需要将科技化体现在与消费者的交流、接触、互动中，即让消费者感受到企业的科技化。产品就是体验的载体。**

但问题是，如果行业内几家企业的产品所体现的技术程度都类似呢？

消费者又怎么会只认为你一家是科技化的呢？

人们内心中对品牌的形象，即科技化的形象是怎么建立起来的呢？

比如，一家企业仍然重视电视广告，而对网络广告、社交网站、购物网站没有足够地关注和投入，使用这些网站的人们怎么能体验到你是科技化的品牌呢？

更重要的是，IT、互联网本就是科技化的代表。没有在互联网上频频出现的品牌怎么能被视为科技化呢？

如果公司的网站死气沉沉，一看就是在应付，这自然是一个传统、落后的形象。公司网站上连一段产品介绍或技术介绍的小视频、小短片都没有，又哪来的科技化形象呢？

说几句时尚用语，只会让人感受到庸俗、肤浅，何来的科技化形象？

总之，企业要想打造科技化的形象，需要在与人们沟通的每个环节和内容中，应用科技化的元素。

如果广告中出现如《地心引力》电影中的太空舱，人们会留下一个科技化的印象，久而久之，品牌的科技化形象就形成了。

以一个新产品还是一堆新产品上市

一个敏感且有觉察力的人，某一天走在货架前，突然眼前一亮，被一个从未见过的产品所吸引，走近端详、思考、仔细看标签，与周围类似产品对比，与自己的记忆对比，一种“惊喜”在内心升起。假设同样的情况，一眼看到货架上摆放着很多新产品时，还会有此惊喜吗？

这就是在上市之初应该选择一个产品作为突破的根源。

同时，推出一系列的新产品远不如只推出一款新产品更具吸引力。这是显然的，一张空白纸上的黑点更容易被人注意到。

认为应该尽量推出一系列新产品的想法是可以理解的，比如营造气势，占据更多的货架空间，能更容易被看到，与超市、经销商谈判更有利，等等。还有内心里对埋没新产品、好产品的不舍，以及害怕失败的心理。

但是，决定一个产品命运的不仅仅是企业自身、零售商和经销商，最重要的还是消费者。也就是说，当把所有这些因素放到一起考虑时，占权重最高的应该是对消费者的吸引力、消费者的看法。

好广告的关键：人性

经营企业难道不是生活的一部分吗？

一个热爱大自然的人，如果他是一个广告的设计者，那么，很自然就会想到在品牌形象中融入热爱大自然的元素。想到与否有很多因素影响，不过意义在于：如果他表达了，那么他就是在表达真实，即任何人看了都会感到真实、自然，而不是矫情、伪善。

广告设计、创意者自身的人性光辉的亮度及其意识境界，才是设计出好广告的关键。

比如，一个活在私欲、物欲中的人，怎么可能设计出深入刻画人性美好的广告呢？

同样，活在私欲、物欲中的人，又怎么能欣赏这样的广告呢？

这不是技术问题，而是一个人内心有多少仁慈、善良、爱和美的问题。

就如一个在野心中，以让自己过得更好为核心的人，让他设计一个包含环保（这是关注社会意识的表现）元素的品牌形象时，不管他多么有创意、技巧纯熟、想象力丰富，即便他想象到环保元素的所有细节，也不免会掺杂进野心的痕迹。这无法避免，因为野心、追求、奋斗、争夺，在他的潜意识中运作，他无法掌控。

因此，他的设计结果必然透露着矫情、伪善、不真实。这样怎么能真正打动他人呢？

即便煽情会感动人，但能引发人们内心的革命及促使今后相应的行动吗？

这不是在说广告、营销，而是在说做人，以及做人与工作的关系。

给品牌注入生命

艺术、时尚、设计、创新、人性，与商业、营销的结合，看看 Prada 网站就知道了。**人性中的爱与美才是最有价值的。因此，人性才是奢侈品品牌的核心之处。**这需要品牌经营者自己具备极高的人文素质和人性美德，还有对待品牌如生命般的尊重、持续、耐心。一个品牌是活的，就要给它注入生命的灵性。

就如人们之间会有好感、厌恶感，嫉妒和生气，期望、愤怒等，如果一个品牌真正的有了生命，那么，人们也会与它产生这样的感情、情绪、想法。我们也许会喜欢一个品牌，而厌恶另外一个品牌。也许会为喜欢的品牌的产品问题而感到生气。这样的品牌，才是品牌。即便是不喜欢它，也会感知到它的活力和存在。

也许有些人会记得在儿童期的某个时刻，自己一下子犹如睁开了眼睛，看到外面世界的存在：阳光、树木、房屋、其他的人们包括父母、被称为兄弟姐妹的手足同胞。这是灵性进入头脑的瞬间。一个品牌，也需要给它注入这样的一个灵性。它才是活的、有生命的，才能如人一般与其他的人互动交流。

给品牌注入灵性和生命的人，就是创造者你要创造一个什么样的品牌？亲和的、单纯的、包容的、追赶时尚的、平和的、狭隘的、贪婪的、攻击性的……

咖啡包装袋居然割破手指

喝咖啡时居然被咖啡包装袋割破手指了。这是个例、偶发事件，还是设计上的小缺陷呢?

这家咖啡品牌有没有注意到包装袋的边缘太锋利了，犹如竖起了一排刀刃呢?

或者只有我一人被割破了手指，所以不是包装袋的问题?

或者有此经历的人实在是太少了，公司虽然知道了，但确实不值得去更改包装设计?

一个敏感而体贴的公司一定会注意到微小的产品和服务问题，也一定会对消费者的体验和感受更加尊重的。

这样的公司对生活一定有着深刻的洞察力。他们内心装的不仅是利润、市场，或者消费者这个概念，而是人（消费者和员工）。

模仿者超越原创者，这不值得骄傲

社交网络营销的关键之一是内容，即自己的内容，以及客户、用户、顾客、目标消费者乃至所有人的内容。这些内容是人们对生活、人生、生命的想法、感受、期望、失望、焦虑、痛苦、悲伤、感悟等。这是一个人的内心世界，其实是一个人更加真实的层面。

找出与自己的产品、服务、经营相关的生活中的内容，就是在了解、理解消费者，即消费者洞察。

我们是对问题即我们的问题感兴趣，还是对我们自己感兴趣？这是沟通中需要确认的第一步。

在主要的、核心的需要之外，必然有一些人们不太关注的、有无和好坏不太重要的需求，那些关注创新的公司不会太在乎这些需求，这就成了其他公司的机会。

还有一些公司，通过模仿创新者的核心功能，并添加这些次要需求，以获得竞争优势。这也许会打动很多不太关注产品深度内涵的消费者，但是如果公司将之视为优势，就危险了。

创新者无暇顾及那些边缘的未被满足的需求，他们关心的是继续创新。去发现崭新的世界，而不是对旧世界的修修补补。我们将最大的敬意给创新者吧，他们使我们的生活更加美好。

同时，我们也可以将敬意给那些谦虚、低调、有自知之明

的模仿者们，他们默默地完善着创新者有待完善的世界。他们也在创新，只不过走向未来的步伐稍微小了些。谁知道他们会不会在某一刻跃升为一个真正的创新者，毕竟他们是与创新者距离最近的人。

要让用户能够“找得到”

搜索产品的核心需求是什么？让用户能够“找得到”。不能小看“找得到”这几个字，觉得它没有高科技的感觉。其实能够实现“找得到”已经可以改变世界了。谷歌一直不计代价地在搜索引擎产品上追求极致，哪怕产品已经“超越”用户的需求。（摘自《谷歌产品观》）

谷歌对“搜索”这个产品的看法，不正是对它的沉思冥想而来的吗？

不管我们做哪个行业，学习、素质、知识差异如何，只要进入沉思中，探究“搜索”这个产品的本质是什么，我相信大家的结论都是一样的，即“找得到”。

沉思即行动。

在看到“搜索”的本质就是“找得到”之后，多元化、高利润、在羡慕下的追随模仿等，还会对我们有诱惑力吗？

我们只会日思夜想：“怎么才能做到‘找得到’”。

即便是“搜索”行业乃至在其他一切行业中的跟随者、模仿者，即在面对完全成熟的产品概念和实体时，也应该静下心来，静思产品的本质是什么。在沉思的时候，就已经不是模仿了，而是在创造。因为事物的本质不是某人发明创造的，它不是你的、我的、他的。

“产品观，就是一家企业的价值观。”正是如此。一家企业在抄袭、仿制、粗糙应付、利益第一的观念下开发产品，他们的价值观也必是不择手段、急功近利的。

平庸和垃圾的产品

货架上装满了平庸的产品。但是，任何一个新产品的出现，总是要给它一个真实存在的理由。它不是针对公司利益上的理由，而是在消费者心中一个刚好空出来的地方，它刚好合适。

如果消费者期望在这个分类中多一些选择，那么，就可以容纳多几个产品和品牌；如果消费者厌倦了选择，这几个产品、品牌就要消失。

这是针对那些以模仿为主或者以对抗竞争对手而开发的产品而言的。如果在模仿领导者、创新者的同时，打开一个由领导者、创新者产品的位置相对的一个市场（任何一个产品或品牌的出现，总会同时带来与它对应的一个反面市场），这个模仿者却是一个好产品，它进入一个消费者心中空白的位置。对抗性的产品也有类似的情况。

我们希望通过探索看清楚，**一味地模仿和对抗是多么恶劣的商业行为**。它也许给企业或个人短期带来金钱或市场，可是它浪费着共同的资源，并给世界带来冲突、争斗。这些产品并没有美化人们的生活，它们带来的是垃圾及垃圾的思想。

人性在哪里

人性化设计的重点不在于设计而在人性化。关键是，我们如何知道人性？

通过书本、哲学、心理学、人类学、老师、宗教等，还是通过对自己的了解？

人性是什么？

何不现在就观察自己？

人性的真实只在自己本身，而不是对人性的解释和定义。

消费物质，还是消费精神

我们忙着生产实物产品，还有很多国家忙着生产精神产品。这或许是因为我们热衷于享受、消费实物产品，他们享受、消费精神产品。

宜家的成功来自重新定义了家具。它们不再是代代相传、昂贵的大件物品，而是一个需要经常更换的、适宜频繁搬家，甚至随时都可以扔掉的大众、时尚商品。现在，如英国在重新定义艺术品。它们都是精品，也许是复制品，也许出自不知名的作者之手。艺术品在走向大众化，便宜到每个人都买得起。但是，它仍然属于精神世界。

这不是在说对错、好坏、高尚与低俗的问题，而是说我们是否注意到这个现象——**我们是否意识到自己在热衷于消费物质。**

意识到了，改变就发生了。但是在埋怨、瞧不起、抵触、嘲笑对物质的消费，那么这种充满负能量的精神境界，本身就是进入更高精神世界的阻碍。

当然，沉浸于消费物质而在自豪、享受中，更无从谈起从物质追求中解脱了。

精神境界与工具

一篇《医生认为未来苹果 iPhone 将成为拯救生命的重要工具》的文章中说："据 Rock Center 报道，在最近华盛顿特区飞往圣地亚哥的航班上，Eric Topol 医生使用自己的 iPhone 和 AliveCor 成功地在 3 万英尺高空拯救了一位胸部剧痛的乘客。AliveCor 是一种可以与 iPhone 配合使用的传感器，可以提供患者的心电图。"

这才是对科技和工具有价值的应用。当硬件性能和品质，以及手机的智能化、电脑化，把人们带入一个新的世界后，对它们的关注焦点也在进化，即更关注它们对生活品质的改善上。

把对手机等科技产品的应用关注在玩游戏、聊天娱乐、购物、交通导航、外卖、送餐等上，与关注在拯救生命、获取和分享人类知识、为人类争取正义和自由相比，境界的差距是何其大啊！

人们为什么失去了创新精神？真正的原因是肤浅，或者说意识处于低水平上。

肤浅导致物质主义、享乐主义、急功近利。在这个意识下，头脑中想到的就是如何了解消费者以期望更好地迎合他们。比如，人们喜欢游戏，就拼命开发游戏软件。但是，这明明是在毒害人的生命及他们生命的价值。

当然，人需要休闲娱乐，也需要制造、提供休闲娱乐的企业，但是社会整体上都在追求娱乐化、消费化、满足肤浅的需求，而没人或极少有人关注有价值的人类需求，这就是严重的问题。

对我们来说，这将不是文化差异，更不是经济问题，而是人的境界的深浅、心灵的美丑、灵魂的高度与堕落、人格的正直与无耻的差别，受害的将是人类自己。

轻资产：从物质到精神

都在说轻资产是方向。从房地产、工厂这种典型的重资产即非常固化的物质产品，到品牌、创造、设计这种智力阶段，变得轻了。又到互联网，它承载思想、智力，更轻了。再到艺术、美、正直、正义、公平、善、爱、社会责任等心灵领域，那就更轻了。

轻资产不是放下物质包袱，而是人的价值观从物质飞跃到精神、心灵。随后，轻资产水到渠成。

就如互联网思维，它就是联结。而联结的意义是分享，分享的意义在于信息流动，即内容到达需求。因此，互联网思维的本质是无限创造的新内容。比如，我在某餐厅吃饭的独特经验的分享，就是别人是否去那里或在那里吃什么的参考。这就是需求和供应的关系，即典型的商业关系。

但是，如果只是随意拍一张照片发布，没有独到的发现或见解、评价、感悟等，那么这些信息再多也是垃圾，而分享、联结就没有意义。所以，**我们对生活的经历、理解、探究、感悟、引领才是核心，也就是我们的精神境界和心灵是核心。**

因此，从这个角度看，轻资产就是走向人类内心的商业方向。

第五章
公司与消费者、人

商业牺牲越多，得到越多

在商业行为中，需要不时地停下来反思、回顾，以及随时的自觉，以不忘初心。

就如在商店门口顾客离开时，服务人员微笑着说“你好，再见，感谢光临”，在这个笑脸和问候里，感谢的是顾客带来的利益，还是在感谢这个人？这看似是一回事，但这么看就清楚了：对空手离开的顾客与满载而归的顾客，你的笑容和问候有差别吗？

显然是有的。商业本来就是求利的。但站在顾客的角度上看，不仅会看清楚问题，还会发现一个新的商业伦理或商业智慧。

作为人，我们都一样，在面对对自己尊敬、感谢、欢迎、接纳、欣赏时，自然是高兴的。但是对那些从内心里根本没有尊敬、感谢、欢迎的欢迎词、感谢词，人们不仅不会感到高兴，还会觉得被打扰了，会有些厌烦。

因此，越是功利之心下的笑脸、感谢的话语越是得不到利益。而无功利心的人与人之间的正常交流中的笑脸、感谢话，自然会打动人心。也就是说，企业越是真心为顾客考虑，其实就越会成功；越是牺牲、奉献自己得到的就越多。

这就如超市的起源是采用自购自运、自选自助的运营方式，并取得了巨大成功。也就是说，顾客并不需要商家的虚情假意、冷漠的服务，那还不如自己安静地选购，超市只要把商品组织好、去谈更低的价格即可。

因此，聪明企业的做法是，要么你真心实意地为顾客着想，要么你省掉虚情假意的环节，给顾客一个清净、自主、空白的环境。

用一个稍微勉强却更能触发感悟的例子来看：父母对孩子的管教和爱的表达，要么把他的担子拿过来放在自己肩上，替他分担痛苦、忧伤、烦恼、恐惧、失落、自卑、失恋、挫败等，要么给他一个来去自由的，没有抱怨、批评、指责、歧视，只有全心接纳的环境。

他都能从中感受到你的爱，并由衷地感谢你！

企业故事和评价管理

从某种角度上说，现在及今后营销的关键在于消费者们的评价、好评，但前提是，这基于未来的营销是网络时代的天下。**赢得消费者的关注和信任的关键，就是他们的评价。因此，管理“评价”是企业营销的关键。**

另一个要素是，**消费者喜欢企业和它的品牌的故事。**

比如，我在购买某品牌的牛仔裤时，很想知道品牌的内涵和故事，以判断是否适合我的价值观、生活态度、风格偏好；还想知道每个子品牌及每个款式的故事，以确定穿着的场合、用途；还想知道材料、舒适度、防水、保暖或凉爽的特点；还想知道环保节能、对待工人的福利等的背景。

但是，首要的问题是我们的企业有故事吗？

企业的故事必然是生产中的精益求精，对事业的热爱，对员工的尊重，对环境、社会的责任，对创造的执着，对顾客的谦卑和理解，对合作伙伴的信任和宽容，对邪恶黑暗对抗的勇气，还有诚信，坚持正义公正、宽恕、同情、包容的故事。它们是真实的故事，不是小说和公关策略。

而这样的故事，是由这样的人写就的。

企业行为与公平、公正、平等

大卖场业态在其主要市场，即一线城市中有些不合时宜，变化在即。这基于消费者购物体验的需求的变化。这么多年，人们对便宜、品种齐全、购物环境好等已经习惯化，其高端、时尚的形象也越来越被看作是平民化、大众化。**新的吸引力转移到：节省时间和体力等的方便、健康、更加专业（如生鲜商品）、高服务水平，等等。**

这不意味着高端超市大行其道。而是，**超越高端超市与低端超市及现在一切主要形式的新型的超市业态在孕育中。**它们的原型，就在人们的心中。但它更在那些引导和领先众人走在生活前面的人的心中。比如，总会有些人将健康或环保当作购物中关键的选项，这就是新的超市业态的召唤，只等待唤醒更多的人。

以进口商品为主的高端超市迎合当今市场，吸引了很多有购买实力的人们，自然会有更好的盈利。需要注意的是，不要走向傲慢，不要忘记自己的社会责任。越是高端定位越需要注意：“自己是在忽略更多的低收入群体，自己正在加剧社会的不公现象。”

在这个警觉中，高端定位超市及其他行业中高端定位的企业才能持续发展。如果企业意识不到该对自己制造的不公的事情做一些补偿的工作，那么他迟早会受到这些不公的事情的报复。

因此，企业需要警醒：在一切经营活动的背后，自己到底在做什么。

成熟的服务

打过两次农业银行的客服电话，让我喜悦的是，我知道这是在与一个生活里的人在交谈，而不是机械式地背诵条文。他是一个思想在活动、情感有波动的、生动的人。

他展示的是他本人（不仅是员工、客服人员），那么我自然就感觉到他把我也当作一个活生生的人，而不是一个用户。**我们之间的关系不再是利益关系，而是自然人之间的关系，这才是最好的服务。他以自己这个生动、真实的人，表示了对我最大的尊重。**

甚至还有过争吵。先不论对错，关键是一场争论也比面对一台机器或者机械式的回答有意义得多。因为我要的是答案，一个有针对性的、具体化的答案。

也许在争吵中，我还看到自己身上的“我是顾客，顾客至上”式的傲慢、不平等的观念，以及“我是受害者，所以我有理”式的幼稚、婴儿般的哭闹心理。

我们都要走向成熟。一个成熟的人无论在做什么工作中，都会更好地解决问题。

挫折教育和培训中的正义

对孩子的挫折教育，不如针对家长的教育。告诉、提醒、警醒家长们，他们内心的阴暗、自私性，以及各种各样自己看不见、不愿意看见的心理。正如日本作家伊坂幸太郎说的："一想到为人父母居然不用经过考试，就觉得真是太可怕了。"

只是针对家长的培训、教育的人，是为了赚钱，还是在正义、良知推动下的行为？

因为我们总是觉得："为什么要直指家长们的内心阴暗面而惹恼他们呢？这样他们就不会来参加培训了。"这才是问题所在。

大家都看出了问题，都在批评，可是谁去付诸行动呢？

因为这个行动者很可能是牺牲者，他必然会损失很多自己的利益。

这与企业培训一样（家长就是企业的人员）。组织者、讲授者是在哄着听者（听者是花钱者、是客户）高兴，还是对知识和真理的坚持下本着正义、正直、良知在讲课？

如果组织者、讲授者也在黑暗的意识中，那么何谈唤醒家长们、受训者们的黑暗意识呢？

这一切不过是为了赚钱、谋私利的手段。

人们期望原创及发布的机会

维基百科在建立其优势的同时也创造了一个弱点。它关注的是已有知识，而不是新的知识的创造。但是，网络时代，人们有了更多的想法、感受、见解，并有了将自己的想法、见解、感受展示出来自由和机会。**人们关心如何将自己的知识发布出去，并享受其中。**

成功的社交网站不正是满足了人们的这个愿望吗？

自媒体、自出版、苹果的 App Store、博客、微博、微信朋友圈、QQ 空间、知乎、豆瓣、头条号等，都是普通人的创新、原创内容被重视而备受欢迎。甚至如亚马逊、京东、淘宝等购物网站，也是由于他们重视人们的评价（评价即是人们的切身感受、体验、想法，而这些就是原创内容），而使体验越来越好。

将消费者视为人

“这是因为阿伦茨有能力开拓潮流，同时保持品牌意识，这里的潮流不仅指时尚潮流，还指人们在生活中想要什么、正在谈论什么。”（摘自《科技与时尚结合，博柏利CEO加盟苹果》）

关注“人们在生活中想要什么，正在谈论什么”，就是关注生活观念、生活方式、生活态度。

人不是“消费者”“客户”这样的概念，也不仅是身体、性别、职业、收入、教育水平等外在特征，丰富的心灵活动才是人生命的本质。

企业要抓住的是人的心灵活动。眼光应该不时地从自我、产品上移开，抬头看“人们在生活中想要什么，正在谈论什么”。

商业中的关系和在意

“消费者应该感受自在、安全、不被他人嘲笑，真切体会到商家对他们的在意和关心。”（摘自《苹果新聘的全球零售部门主管 Angela Ahrendts 将如何提升苹果的零售体验》）

何为在意和关心？当你站在货架前茫然四顾时，会有一双等待的、安静的眼睛看着你，但并未行动、也不离开，他耐心地等着你。这就是在意、关心。

我们遇到过这种情况吗？我记忆中只有一两次。一般情况下看到的是冷漠、躲藏、闪烁的目光。如果想到，“如此对待一个光顾的、带来生意即金钱的顾客”，也许会感到匪夷所思、怪诞荒谬，可是这却是事实，而且是经常如此。

这与“倾听”的问题是类似的。**不能倾听，不是能力、技巧问题，而在于内心有无在意、关心、爱。**你会耐心、认真地倾听一个你反感的人的倾诉吗？

我们心中没有对“自我”之外的人或事物的关心和在意。

为什么我们越来越被封闭在“自我”之内，而看不到他人的烦恼、需求、悲伤、痛苦及快乐呢？

这样的心又怎么能看到消费者的需求及善待顾客呢？

这是我们每个人的问题，需要进入自己的内心去观察和探究。而改变就在观察和探究的过程中。

从消费者概念中觉醒

在心中，当我们在消费者中看到自己的家人、亲戚、朋友、邻居的影子时，消费者在我们的心中就不再被视为一个概念。这是一次觉醒，从概念中见到真实事物的觉醒。此刻，我们的心必然是柔和的、敏感的、仁爱的、关怀的。因为他们就是我们的家人、亲戚、朋友、邻居，都是我们认识的人。

其他的关系和事物都一样，我们可以整体地从所有的概念中解脱，而活在真实里。

消费者是一个概念，营销者、管理者也是概念，乃至丈夫、妻子、亲戚、朋友、同事、陌生人、地球、环境、社会、环保、垃圾分类等都是概念，我们突破这些概念而见其自身。同情怜悯、爱和创造力、美，自会萌发。

比如，当大谈“厚德载物”时，也许只是停留在概念、文字、思想的理解和认同中，而没有看到“厚德载物”这个事物本身。否则，就绝不会再崇尚竞争而获利。作为打工者，也会观察到那些不择手段牟利的企业，而绝不愿意去那里工作。即便生活受到一定的损失。至少会在更好的生活与厚德载物的价值观之间发生内心的挣扎。这不正是一场发生在心里的善恶之争吗？

将节省下来的成本让渡给顾客

以“商品是最好的装饰”为理念，是超市和企业引导顾客的善意之举。省下的装修、家具、设备及维护的成本，自然以更低价的商品而让渡给顾客。这不只是一个商业理念或竞争策略，也是企业善心之体现，或者是勤俭、爱人的信念的传承体现。

那些心存竞争和私利的企业即便采用这样的方式，也无法真正地执行。比如，他们也许达到用商品做装饰的顶峰，顾客也被深深触动，从而赢得竞争。但是由此节省下来的钱，并未想过让渡给顾客，而是用于自己的私利的消费。长此以往，在如沃尔玛这样提倡“天天低价”“为顾客节省钱”的超市面前，他们会失去价格的优势，顾客自然就会流失。

而且他们可能仍然不知道为什么价格失去了优势，也许将沃尔玛等的价格优势的来源归结到其他因素上。即便低价是多种因素带来的，但是“节省下来的成本让渡给顾客”仍然是重要的一个低价来源。那么，等他们在其他方面赶上来，才发现仍然没有价格优势。

勤俭、仁慈，它们在一个人的内心深处。它们自身及其带来的价值，是无法被模仿的。

你怎能去模仿勤俭?

你要么勤俭，要么不勤俭。

“以消费者为中心”是一种境界

不能被丝毫的勉强，自发的看法和行为才是真实。比如，“以消费者为中心”不是一个营销观念、理论、方法，而是一个人的意识境界。如果一个人仍然处于个人野心中，那么他永远体会不到什么是“以消费者为中心”，即他在一言一行中无法体现出“以消费者为中心”。不仅是对消费者，他对任何人包括家人都是冷漠的。

比如，我是学营销的，理解了“以消费者为中心”的重要意义，也学会了分析消费者的一些方法、工具，那么我在工作中就能做到“以消费者为中心”吗？

我在设计产品时，消费者与我及公司所占的位置如何？

定价时，消费者与我、公司利益、竞争对手、合作伙伴之间所占的位置如何？

消费者都被放在首位吗？

内心阴暗处，是否将私利悄悄置于消费者之上？

我们有专业用户群吗

不仅是IT行业，所有行业中的企业都应该建立、培养一群专业用户（消费者），然后与他们进行犹如企业内部人员一般的频繁沟通。他们比普通的用户、消费者有能力更快、更加准确地发现问题，并更愿意积极地反馈自己看到的问题。这对企业极其重要。

一定要建立起这样一个专业用户群体，数量要足够多，同时在领域内要更加专业。

市场调研越来越无法得到有意义的信息。人们的生活节奏更快，对不感兴趣的事情不愿意付出时间和精力。如果他并不在意手机，那么他就无法感受使用手机时的各种细微的体验。即便感觉到有些问题，他也懒得去评论或提建议。

专业用户群体的价值就在于，他们对你的产品、品牌或者这类产品非常感兴趣，这也许是他们最重要的业余爱好。就如热爱足球的人，久而久之必然是一个足球专家（这里是指懂球，而不是踢得好）。他们生活的重心就是留意在使用这个产品的体验中，然后津津乐道自己的感受。

这就是他们的价值，他们专业而且乐意反馈。

我们的企业有这么一群专业用户吗？

迎合是为了什么

喜欢“迎合”（如迎合消费者、迎合大众）的内涵是什么？为什么要迎合？

显然，这是出于对自己的需求或欲望的追求。因此，迎合看似是在帮助、理解、满足大家，本质却是在满足自我的私欲。迎合的本质，是私欲的一部分。

这不是说迎合不对，而是在于看清楚迎合的本质或内涵中有自私、满足私欲的元素。看清楚这一点之后，恰当的行动自会发生。

其实这是一个非常重要的问题，也容易被大家有意无意地回避。即你的企业或你的工作，出发点到底是为了满足人们的需求，还是为了自己的利益？

你说：“它们是一致的。因为既满足了人们的需求，我也同时获利了。”但是，**在说迎合大众、迎合消费者时，内心的出发点到底是什么？**

因为出发点不同，先顾私利还是先顾消费者的利益，自然会导致截然不同的商业思想和行为。当然，最后就会出现不同的结果（这不一定是短期可见的结果，而是指发展的趋势和方向）。

我们都清楚自己的内心，只是选择了避开不看而已。我们只有把自私拿出来斥责的时候，才有可能在生活、工作中对它有所约束。

不喜欢，就可以退货

苹果公司的“14 天内可以退货”政策含有深意。用户在生活中体验产品，如用着不好则退回。

14 天，对于 iPad 来说，已经有足够的时间充分体验它了，形成一个成熟的结论，如“太好了、喜欢、适合、还行、不适合我”等。这不是钱和售后服务的问题，而是人们使用它后，**对自己的生活带来的改变是积极的还是无益的。**

苹果公司的这种退货政策，与产品的毛利高低无关，关键也不在于 14 天的试用期是长还是短（也许有些品牌的试用期更长），企业是宽容大度还是狭隘小气，而是在于一个新的理念的产生。即顾客退货的原因可以是自己不喜欢这款产品，觉得不适合自己的生活方式、使用习惯，对自己的生活没用，而与产品的质量、价格等无关。

以前，人们是在零售店里进行这种体验、试用（试穿）的。但是这么短的时间里，其实不能完成充分体验。这就如经常发生的情况，买回去的东西被束之高阁，因为在用、穿时发现某些不适合自己、不喜欢的地方，这些人就发现买错了、很后悔。苹果公司的退货政策就是给人们提供一个发现买错了、后悔之后弥补的机会。退货，然后拿着这些钱重新选择购买，又回到初次购买的起点，重新进入购物的愉快过程。

苹果公司对产品的自信不用说，人们的心理也往往是在感动下选择继续在这里购买。但更重要的是，这个政策也隐含着一丝的宽容、耐心、牺牲的美德。

企业真正的进步：给他人带来快乐

苹果公司正在逐渐推行一种全新的顾客服务项目“桌面销售”。Apple Store 员工被分配到每个摆放产品的桌子，他们要负责围绕桌子的顾客，满足他们的不同需求。此前，顾客通过先来后到的方法获得苹果公司员工们的帮助，这样造成等待时间比较长。

我们都有过等待的烦恼，在等待时，打断服务人员与其他顾客的说话，这是很不礼貌的行为。可是一直等待下去，又总是会被后来的顾客抢先插进来。

让顾客在购物时保持愉快的心情，这不是口号、文件里的规章制度，而是公司做出的牺牲（如增加服务人员数量）。也就是说，**真正的服务意识，一定是一种有“舍己”之心的行为，**包括服务人员舍弃自己的自尊心等。

显然，苹果公司对顾客的反应是高度敏感的，这是一家具有敏感的素质和文化的公司。敏感了，自然就会有体贴的思想和行为。只有意识到对方有不满了，才会有“要解决这个不满”的行为。

敏感的素质，意味着对微小的不满能立即发现、意识到，随后就是内心里催促行动的声音。**体贴，是敏感的行动。因此，快速响应、执行力、行动力，都与敏感素质有关系。**

敏感的素质来自哪里？

人们对工作、公司、产品、同事、上级领导、顾客及生活的热情、积极乐观的心态、自信、对生活的希望，等等。那么，对工作、生活的信心、希望、热爱、乐观又来自哪里呢?

就如苹果公司的“桌面销售”“14 天内可以退货”政策等，不正是在给顾客创造着快乐、信心、乐观、希望吗?

因此，真正的问题是，我怎么给他人带来快乐，而不是我如何获得快乐。这才是人及企业的真正进步。

企业应该意识到：人们在觉醒

当公司网站（包括微博、公众号等）上发布的内容都是围绕着与自己的公司和产品相关的新的信息（如新的销售政策、新产品、新价格、促销活动等）时，那就是在帮助顾客，为顾客提供服务。

相比另外一个公司网站，喜欢发布一些关心的、体贴的与生活相关的知识，比如，天冷了要加衣、吃盐太多影响健康等。但是谁都知道，这是在讨好顾客。谁会认为他真的是在关心顾客呢？他们的真实目的是为了给自己做形象宣传。

例如，打一个客服电话，使我开心的是他解答了我的问题，而不是他提醒我注意交通安全、天气变化。同样的问候如果来自家人、朋友、同事，那就是开心的事情。

即便是说服务态度，也是指发自内心地对人的尊重，而不是机械性的礼貌用语。

我们逐渐成熟。不再是过去那种常年生活在封闭的环境里，偶然见到一个外来人就新奇、热情、亲切得不得了的幼稚心理。虽然代价是世故、精明、自私、冷漠、争斗，但是毕竟更理性、更深刻。

因此，我们该停止那些肤浅、愚蠢、自欺欺人式的虚伪的企业行为，这是在丢失顾客。

一个认为自己只提供产品的企业怎么能为时尚、科技化、人文化的市场上的消费者提供满意的产品呢?

一个只重私利的企业怎么能在一个注重分享、社会共同利益的市场站住脚呢?

所以，企业要时刻小心：**不能在意识境界上落后于自己的客户、消费者**!

关注自己及他人内心的想法

看《扎克伯格传》体会最深的是他对人的内心想法的关注。人的内心想法，是一个人的内在，是人的真实，也是人的人生、生活、生命最深刻的那部分。

“扎克伯格说：‘Google 和类似的搜索引擎是将网上的所有信息做成索引，方便人们查询，而 Facebook 在于帮助人们相互了解各自心中在想什么。这是比信息搜寻更加深入的做法。’”

“Facebook 可以把全世界的人更加紧密地联结在一起。换句话说，跟网上现成的信息相比，现在的人将更加关心周围的人内心深处的想法和信息。”

“首席运营官范·纳塔说：‘如果我们把今天的互联网想象成一个镜头，那么在这个镜头下，就是你所熟悉和信任的，并且能够拥有自己独立想法的个人，而这也是一个平台之所以具备能力的原因。而当我们透过镜头，看到整个世界的时候，我们想想还有什么可以比那个镜头更具有潜在价值的呢？’”

不管是商业还是生活、人生，关注自己及他人内心的想法，才是真实的生活。进入内心世界，不仅是商机，还是走向仁慈、爱、柔和、同情、怜悯及正义、真理的道路。不进入内心，我们看不见自己的强硬、暴力、自私、肤浅、庸俗、嫉妒、狭隘、骄傲、冷漠、残忍。

我们的文化实际上是在压抑人们的内心想法，所以不敢说出来。慢慢地，我们不再关注、重视自己的内心想法，而活在肤浅的外在。我们在心灵的进步上停留在太肤浅的层面上，很多更深入的感情还没体验到。

比如，我们能在享受美食的同时，会关心食品的安全来源、环保及农民的生活状况吗？只关心自己吃饭的人与同时还关注环保、种地的人的生活状况的人是不同的内心。深度的不同带来品质的不同，后者是一颗仁慈、怜悯、同情之心。

比如，只会模仿、不能创造的企业，无法看见人的内心想法。因此，看到的需求也只能停留在浅层的功能方面。

最能看出一个人内心品质的是看他的艺术素养，看他有没有欣赏绘画、音乐等的能力。这是一个庸俗、肤浅的人与一个文明的、仁慈的人的差别。

我们要走向内心的柔软之处，平时无力触摸之处，才能让我们活得深刻、有意义。

营销，要打动人的心

我们平时的营销思路是关注技巧、方法乃至理论，当然这与过于追求功利的动机是相关的。这是粗鄙的、冷漠的，而且没有多大效果的营销思路。

营销，是在打动人心。

但是，大多数在营销中表现的爱心恐怕是把爱心作为幌子，在煽情，内心还是功利化。虽然企业必须盈利、追求利润，但是谁又说过这与爱心、正义、正直、真诚是相对立的呢？

爱和正义从来都是企业经营的基础。只不过我们没有认真思考过而已。亚当·斯密在写完《国富论》后又写了《道德情操论》，不就是对利益与道德之间关系的思考吗？

人们已经看透了煽情式的营销、广告。消费者越来越理性，知识和信息越来越丰富，因此，只有发自真诚的爱心的营销才能打动人心。如何才能表达真正的爱心呢？

当然，前提是必须有爱心。而爱心的萌发需要一颗敏感的心，它能深刻地体验到人类的真实需求。

苹果公司有段广告《一个自闭症孩子用 iPad 学会了说话》，有几句旁白表达了自闭症病人内心的痛苦：

“在我的人生中，曾无比迫切地希望与朋友们交流，但是他们并不能明白我的所思所想，因为我根本没有办法说出口。可能我感知和体验世界的方式有些特别，说起来有点难以置信，通常就真实发生在我的身上，能够看见风的颜色，听见花的声音，甚至可以观察到所爱之人的情感流动……”

假设我们是自闭症病人的父母，那么能体验到自己的孩子将一辈子不能像正常人那样生活的苦难吗？

如果没有父母，他可能无法生存下去。我们怎能不为之悲伤、痛苦万分呢？

而且，如果知道他内心对自己命运的悲伤、怨恨，而自己爱莫能助，岂不是更加悲伤？

问题是，我们不敏感，完全处于麻木中心灵状态的人，又怎么能感知到人的生命的宝贵和尊严呢？

这是我们应该认真反思的。

第六章
公司与自己、员工

末位淘汰制

从管理上来看，末位淘汰就是一种管理方式、思路、手段、策略，自有其利弊。不过，员工们沉重的心理负担，从长期看不利于企业发展。

首先，末位淘汰，虽然是以业绩、能力等对人的评价，并且仅用于工作，但是，在人的感受上，确有对一个人的尊严和价值带来侵害、伤害的可能。

抛开理论、头脑的分析，假想被淘汰的那个人，恰好是我们自己，或者我们的家人、好朋友、关系最好的同事，或者是我们非常关心的人，就一清二楚了。

恐惧、伤心、失望、无助、羞辱、羞愧、自卑、自暴自弃、消极、灰暗等。因此，从这个角度看，不能忽视的问题是，这个人怎么办?

管理者更看重业绩，还是更看重那个即将或者已经被淘汰的人，以及时刻煎熬在担心被淘汰的更多的人们呢?

其实，这背后是一个自私或者说是否从极端自私里走出的问题。实际上，管理者想通过末位淘汰制提升业绩的背后就是关注在自己的利益上，员工们不过是实现自己利益的工具。当然，员工们同样是在谋求自己的利益，比如加薪、升职、少负责任、工作轻松愉快、没压力，等等。

在私利与他人利益之间的平衡，是一个人的文明程度、仁

慈之心、正直、正义、公正、素质人格的表现。因此，只有我们成了看见他人、能更多地关注到他人的利益的人，那么企业的利益、业绩、管理制度等才变得有意义。

否则由冷酷无情、自私自利的人（如企业主、管理者、员工）构成的企业及社会，每个人也无法从升职、加薪，即物质水平的提高中获得幸福感。

在人性觉醒的基础上，再谈论末位淘汰制就有了意义。

在尊重人的企业里实行末位淘汰制又有什么不妥呢？

这不过是公司具体的战略战术问题。比如，突然面临着强大的竞争挑战，员工们的工作有些懒散，管理松懈、人浮于事，等等。

品牌和尊重

正如一个影星如果有了绯闻或错误的言行，就会有很多人不再关注他，不看他的电影一样。如果企业发生了一个影响品牌形象的言行，那么也就会有很多人不再购买它的产品。一个企业比一个人更复杂，因为企业是由很多人组成的。

企业中的每个人都在注意自己的言行和工作结果而维护、捍卫品牌吗？这是全体员工的责任。

这涉及企业价值观中的“尊重”的问题。**如果企业缺乏尊重，那么，如此多的员工怎会自发地维护品牌形象呢？**这不是流程、制度、利益奖励、忽悠式的激励能起作用的。

而我们能够建立一个具有“尊重”的价值观的企业吗？

那先要看我们自己是否是一个具有“尊重”意识的人。

但是事实上，我们看到的是很多管理者的傲慢、专横、任人唯亲。

如此看得很清楚，要想做一个长期经营的企业，建立“尊重”的价值观是必需的。而这要从自己具有“尊重”开始。这就是个人的修养。

也就是说，除了外在的工作、生活，我们有没有关注自己的心灵呢？

物质需要积累而丰富，心灵同样需要学习、精炼而变得更纯净、更美好。

这里提到了“尊重”，只是以它为例。公正、正义、真诚、创新、正直等，哪一个不是关系到品牌形象的因素呢？

包容和谦虚的企业文化

沃尔玛在美国，在 Facebook 和 Twitter 等社交网站上，从人们的评论和转发中发现某些产品是大家感兴趣的（如榨汁机），还有更多的相关细节（如对榨汁机中某个品牌“惠人”的特别喜好，以及对使用、外观、耗电等各方面的看法）。沃尔玛将这些信息发给零售系统和门店，以指导销售，还可以将这些信息发给供应商以便改进产品。

这才是线上和线下结合得更深入的思考和行动。沃尔玛还在网上商店让人们卖自己的小东西（在法律、税收等合理下），也许是店里从未销售过的。这又是一个崭新的思路。

沃尔玛的创造力来自哪里？为什么一个 IT 界具有创新基因小团队，到了沃尔玛的零售文化中，能如鱼得水，既无冲突，也未被同化呢？

显然，这与公司的包容和谦虚的文化分不开。尤其是谦虚，这意味着公司（如沃尔玛这种行业领导者）必须放下自己的传统思维模式，接纳、学习新的行业里的思维模式。舍弃自己、牺牲自己，这是更艰难的谦虚。

意识决定企业的未来

超市有个陈列原则，将临近到期的商品放在货架或冰柜的最外面，将新进的货放在里面。如果消费者把这个做法看作是欺骗，恐怕就有点狭隘和过于自私了。我们能否从自己的利益角度以更宽容和同情对方的利益呢？这反映了一个人的心灵和意识境界。

这其中是企业的经营管理与人的意识的关系：是什么样的意识，就是什么样的企业。

一个小气、自私、狭隘的企业，绝不会做为消费者创造最大价值的事情，不管它是怎么说的。它们只会把最大的利益留给自己，然后做什么呢？消费，继续投资赚更多的钱，等等。

当然，这样的企业早晚会被消费者和员工抛弃。小气、自私、狭隘的企业，必然不会注重长期利益，那么，品牌的塑造、人才培养、消费者服务、产品研发等都不会被重视。这样的企业不会长久。

不过，这并不是消费者和员工的报复，而是狭隘、自私等意识自身运作的必然结果。

个体到群体的心灵质变

全渠道零售，如果将之看作是各种渠道的组合，恐怕未得其要领。它意味着各种渠道组合而成为一个新的事物。**它不是各个渠道的组合体，而是一个独立的有机体。它有独立的性质和灵魂**。在这个认识下，才能在执行中体现出全渠道零售。

正如从《失控》一书中看到的：由个体到群体，确实会发生质变。就如一只蜜蜂与蜂群的差异。这个质变的是，意识或者是心灵。

回忆一下小时候玩过的群体游戏就知道了，在游戏中的心灵状态与平时是截然不同的，也犹如踢足球与下围棋的心灵状态不同。也就看出，心灵状态不发生质变（至少在游戏中），群体活动如足球就不可能玩好。

这是说作为管理者，在面对团队管理时，我们是否能够意识到在团队中的心灵状态与个体时完全不同。

它们的不同在哪里？

是如何发生的？

是在何种诱发下发生的？

在何时发生的？

我们能够观察自己的心灵，这是每个人力所能及的。然后，才能让自己先进入“团体的心灵状态”。此时，在这个心灵状态发生质变的人的带领下，才能建立起一个实质意义上的团队。

你永远需要超越的是自己

为什么有时会制定出错误的战略?

抛开各种偶然性、临时性因素，一个人的内在因素是什么?

也许是他失去了已有的洞察力，即被自己的经验、知识所困，它们会导致傲慢和偏执，它们的意识停留于以往。

即便他意识到自己落后了，他找来一个有洞察力的人，他能信任这个人吗?这意味着不同观点之间的冲突。

如果不解决自身的问题，即困在自己的经验、知识中，以及积累出的傲慢和偏执，又怎么会包容地看待对方的不同观点呢?

过去的成功只能代表过去的洞察力和能力，那么现在呢?

是不是在过去成功的滋养下而走向傲慢、刚愎自用?

这是失败的素质。

它们现在埋下了失败的种子，结出失败的果是必然的。

有些成功人士身上带有傲慢、封闭的气息，举手投足都是命令和不容置疑……

一个人，需要超越的永远是自己。

什么是超越自己?

就是从自己的知识、经验、观念中解脱出来。

这是一个持续的、永无结束的行程。你一旦停止，便又跌入经验、知识中。即刻又变成傲慢和偏执，失去洞察力和包容之心的人，那么自己就成了企业和工作的障碍。

管理的核心，在于认识自己

管理的核心，在于管人；管人的核心，在于“管”心。那么，如何“管”心呢？

必然是要先了解人心（不是某个人的心，而是普遍的人心）。

那么，如何了解人心呢？

在专家、典籍、心理学、哲学、宗教中寻找？

还是在他人的心中寻找？

我们又怎么知道他人在想什么？

因此，管理的核心在于对人心的了解，而了解人心无须从外面求得，只需了解自己即可。

认识你自己！这就是智慧的来源。

你如果观察到你的嫉妒及其根源、结构、本质、衍化发展过程和危害，就会知道别人内心的嫉妒及其运作。那么，“管理”嫉妒就轻松自如。

同时，更重要的是，在对嫉妒的观察和了解中，嫉妒会被弱化，而同情、理解、欣赏会不知不觉地在心里生长。那么，管理还是一个问题吗？

愿景的实现

如果用语言、文字、思想去思考、构思、制造公司愿景（Vision），那么它就不是愿景。愿景是一个精神的存在，就如物质存在一般的实在。精神存在清晰了，而且不断地给予明晰化、坚定性、关注、激情的能量注入，它将很快转化为相应的物质存在。

我们的企业愿景是什么状况？

什么是精神的存在？

如何去感知和创造它们？

我们无法以物质存在的方式去理解和感知它们。

将它清晰化，就是在创造它；坚信它，就是在感知它；关注它，就是在显化它（将它物质化）。

你看，清晰、坚信、关注，都是精神层面的事物。当然，精神的存在，自然需要精神的元素、原材料以创造。

我们对自己企业的愿景清晰吗？

清晰到如回忆起自己卧室的摆设、布局、物品。

我们坚信愿景吗？

就像坚信明天太阳一定会升起一样（即便阴天，我也知道太阳只是被遮挡在云层中）。

我们在关注愿景吗？

就像关心企业的利润、业绩、消费者、竞争者一样。

这就是愿景的实现。

在内心，如果没有对愿景实现的热切期待，那还是愿景吗？

建立互联网分享意识

互联网的分享精神或意识，正是个人自由意识发展到终极时，“自我感”弱化后新的意识，即体验到一体意识的表现或行为。**当在互联网上，说自己的体验、经验、认识、价值时，互联网已成为生活方式。**

旧的意识下的营销，就是竞争、争夺、攻击。特易购超市在货架上标上竞争对手的价格，家乐福跟踪竞争对手价格的基础上的价格政策（这是一套流程和战略），都是旧意识下的产物。它们在没落，因为基于互联网的分享意识在发展，线上销售必然会随着人们新意识的建立而大行其道，成为生活中的主流。

仍处在旧意识中的线上销售，即便拥有所有的技术、资金、人才、理念等，也只是一个徒有其表的线上销售。一个生活在农村的人，在网上买到在上海才能买到的商品和品牌，还能买到更便宜的商品，除此之外，还能创造什么更深入的价值？

没有建立起新意识，即分享、一体的意识，就只能模仿外表。以零售业为例，沃尔玛对供应商说“我们是为顾客在谈判”，供应商们慢慢发现沃尔玛是认真的，这是因为沃尔玛意识到他们与顾客是一体的。随后沃尔玛与宝洁公司合作开发了品类管理，这是意识到供零双方是一体的。

虽然都说着“双赢”，但不同的人说出来是截然不同的。有些人是在解释自己的做法，有些人将双赢当作战略谈判技巧、托词。

现在，看着对方惨败而自己获胜，会快乐吗?

企业与哲学

在《星巴克体验》中有一句话：“公司是在向它的员工说明该书里包含的原则和哲学思想如何重要。”这意味着，一家成功的企业必须进入哲学的深度中。哲学之外的肤浅，只会带来错误的判断和短视，最多是模仿的成功。

企业经营与哲学确实是一个我们应该考虑的问题，尤其针对国内企业。因为我们缺乏的正是哲学及其带来的思想深度。

比如，这样一个哲学意味的问题，我（企业）到底为消费者提供了什么呢?

如果认为是产品，虽然也对，但是与认为提供的是快乐的观念相比就肤浅了。

这种深刻和肤浅的差异会体现在经营管理中。比如，苹果公司的“桌面销售”和“14 天内可以退货”，至少有让顾客满意、快乐的价值观的痕迹。而认为只提供产品的企业，只能在竞争压力下模仿更人性化的服务政策，绝不会创造和甘心情愿这么做。当然，最终顾客的心倾向于谁，是不言而喻的。

有些企业认为应该提供有品位的生活，相对于提供产品的认识，无疑也是深刻的。这就如他们开发了一款高品质的产品，但他们不一定要高定价、定位高端，而是一个大众化的定价。他们宁愿通过压缩功能选择而控制成本，也不会降低产品品质、消除艺术品式的品位。但是一家认为自己只提供产品的企业一定会关注高端、低端。

仅就这个单一的例子就能看到，**深刻的思想必然使企业更具竞争力，而且这样的企业给人们带来更多的幸福感。**

哲学、深刻，几乎与思考是同一个意思。

“水土不服”的关键是“水土”

百思买早已离开了中国，可以说是“水土不服”的表现。

可是，这个水土是什么？

不就是假冒和互相欺骗吗？

为了个人利益而不择手段、毫无底线吗？

一个正直的、有良知的人会去适应这个水土吗？

我们应该从“人要适应社会”中觉醒了。我们怎能继续地不顾社会的不义，而一味地强调适应它呢？这其实是在说“我们要做个坏人”。在做个正义的人与“人上人”之间，我们永远是选择后者。

这不是说百思买一定就是高尚的企业，重点是看清楚我们这个“水土”。因为我们自己就是这个“水土”，以及仍然在不断打造这个水土的人。这意味着我们无法推脱责任，即我们有改变它的责任，我们必须从自己的改变开始。

Abrilsa 首席执行官法比奥·巴尔博萨（2012 年“地球卫士奖”获得者）说：“米尔顿·弗里德曼曾经说过，‘企业的职责是经营’。我的理解是，**企业的职责是可持续经营。可持续发展实质上与商业策略密切相关。它不是慈善事业，而是一种对日常活动的清醒意识。”**

他说的“可持续经营”本身即是善行，就是一个不同的“水土”，我相信他在工作中就是这么做的，这是他的亲身体验。他说的这句话值得深思："可持续发展实质上与商业策略密切相关。它不是慈善事业，是一种对日常活动的清醒意识。"

也就是说，我们要对自己的日常活动保持觉察、认识，看看这些活动是不是在促进可持续发展，还是急功近利、不择手段地谋私利。

清醒、觉察到自己当下的心思、行为是什么，才能彻底改变自己，才能引导我们走向善和正直。

停留在口号和思想，是肤浅和愚蠢的表现。智慧正是对当下事实的看见、注意、认识、理解。

企业：时刻觉察自己

在某篇评论文章中写道："某网站的评论系统非常差。可能你会说这事挺小，不足以构成消费者离开某网站的原因。但事情没那么简单。现在某网站上的书评越来越不可信，很多消费者买了书之后发现根本不是他们想要的，很失望。"

书评对买书的购买行为来说至关重要。因为书与可口可乐等消费品不一样，它是一次性的。买对了，就是对了；买错了，就永远是错了。买书时也没法像实物产品那样充分试用，因此读过此书的人的评价几乎是唯一的有指导意义的信息，书中的书评自然不如购书者的评论更客观，而选读章节对整本书的代表性还是很局限的。

那么，这么重要的事情为什么某网站没有做好呢？

或者说为什么被忽视了呢？

或者说为什么一直迟迟未采取补救行动呢？

不管某网站的问题到底在哪里，这个案例提醒我们：

我们对自己的真实状况及顾客的感受是否有清醒而及时的觉察呢？

是不是也对经营管理中的问题麻木了、视而不见了、无人负责了呢？

从某网站的这个例子看出，解决问题并不难。也就是说，要想提高书评的可信度绝非难事，关键在于看见问题、意识到问题、敏锐地捕捉到问题。

因此，对于企业来说，关键不在于没看见、疏忽了某个具体问题，而在于看见了自己是一个疏忽、怠慢、麻木、粗糙、冷漠（不是真的关心顾客）、自以为是、傲慢、缺乏洞察力、自己本位的（完全不会换位思考）的人。

阅读、思考，就是学习

发电子邮件时附加一个文件、文章、图片、歌曲、视频，还是看文件、文章、视频、图片、听歌时将它们用邮件发出去（这一般是 iPad 等移动设备上的方式），这是两种建立在完全不同意识上的行为。一个是权威、强制、要求、期望、改变对方的意识，另一个是分享的意识。

比如，我们一定能体验到，分享一篇文章的喜悦、迫切之情，可以想象到朋友看到文章时的愉悦。这是一封好心情的、充满阳光的邮件；同时也能体验到，例行公事地发一个文件的乏味灰暗的心情。

而且，上级如果觉得给下级分享文章很别扭，下级也不敢以分享的心情给上级发文章。这展露出我们内心的等级观念、权威观念。只有仔细观察，才有可能超越它们。

我们自然是习惯于用附件的形式发邮件，尤其是在一封邮件里要发几个文件的情况下。不过，如果检视我们平时用到的基于文件而发邮件的时候多不多，其实就看出我们平时的分享多不多了。

而这又在说明我们平时阅读和思考的数量吗？

阅读、思考，这就是学习。不是积累知识的、传统的、被动的学习，而是自主学习。这才是人类该有的学习。这种学习引导人走向善、创造、真理、正义和智慧。

比如，欣赏和分享照片、图片其实也是阅读。即便是一张庸俗的晒吃饭的照片，也能读出喜悦、炫耀、肤浅、对美好生活的向往、自信、希望、积极的态度等，甚至还能看出节俭或奢侈、自私或同情等。

因此，**分享、持续不断地自主学习、独立思考，才是高尚和能创造价值的生活方式（工作方式）。**

企业，新生活方式的创造者、领导者

新的生活方式，是在走向广阔、开放、分享、奉献、共同创造和自由飞扬的精神领域，而不是躲在阴暗的角落里，在臆想、陈腐、传统、狭隘、愚昧中腐烂。

我们感受不到艺术、分享、共同创造、尊严、尊重、公正、公平、正义、自由、敏感、文明、宁静、轻松、简朴、没有竞争、斗争的美好，我们从来不关心社会、环保、人性等。这就是问题所在。

飞扬的生活就在我们身边。我们就是别人的阳光。

在家里、办公室、路上，就可以为可持续发展、环保、人类的尊严和尊重、公平、正义及自由做出贡献。

及时关闭电源，两面用纸，减少了一次由嫉妒、报复引发的行动，给了陌生人一个微笑，不买无公德心企业的产品，在地铁上少抢一步，衣服少买一件（不只是捐赠），买的是无污染材料的、非血汗工厂的产品等，这就是我们每天飞扬的生活。

这也是企业的职责。新的生活方式的人们，不仅是企业的顾客，因此需要满足他们，而且企业也是新的生活方式的创造者、领导者。

如果你的企业（你的工作）还在创造着阴暗、潮湿的生活，那么这就是在失去竞争的优势。也就是说，最终会输在价值观、人格、人品的落后上。

商业中的“无自我”

进价1角钱一棵的大白菜，卖一棵赚2分钱。由于订货、库存、责任心、专业技术等缺陷，一夜间烂掉了一棵。那么至少有5棵大白菜白卖了，还不算曾在这6棵大白菜上付出的人力、仓库、物流、资金等成本。

管理、细节、控制损耗、责任感等，在头脑中理解、认可了又有何用？能像夫妻店的老板那样体验到6棵大白菜的利润损失后的心痛吗？**心痛了，行动是自发的，也是最恰当的。**

其根源是缺乏理性。可以说，这就是不正直。

不正直意味着，我只关心自己的利益，对别人的利益（公司的、顾客的）毫不在意，只要有可能，我会毫不犹豫地损害别人的利益以增加自己的利益。

在这种自私心下，最直接的结果就是冷漠。因此，他毫不在意公司的损失（看到损失也毫不心痛，甚至在痛恨老板的情况下还会幸灾乐祸），毫不在意顾客的感受，除了自己谁也不在意。**只要与自己（及家人）无关，发生多大的事也不在意。**

这样的人有可能因为这种自私、冷漠直接导致自身不幸的生活，可是他看不见，认为自己的不幸都是别人造成的。由于大家都是这样的，反而是看到关心公司利益、别人利益的人的时候会说“他一定是疯了”。

缺乏理性，就是不成熟、幼稚、愚昧无知。可是幼稚的人又绝不会容忍批评，他只希望被宠着。这就是我们的艰难之路。

管理问题就是文化问题

《清教徒的礼物》中有一段话："我们的成功，很大程度上要归结于决策权能下放到哪一级就尽可能下放到哪一级，通常是下放到组织中最低的、最靠近客户的那个层级。"

如果企业文化一直停留在崇拜权力的阶段。谁会愿意下放、放弃权力呢？因此，企业根本就做不到将决策权交给最接近客户的人。这种深入骨髓的文化基因挑战了一切先进的、现代化的管理制度、理念、模式、人才、投资等的功效。

比如，管理中的一个重要元素是信息。员工的不满、顾客的意见、创新的点子、一次失败的促销活动的总结、竞争者动态等，都是信息。企业的整个运作都是这些信息的反馈、传递、处理、决策、行动。也就是说，**企业的运作其实就是对信息的处理。**

但是，在权力崇拜的观念下，何来的信息管理呢？

上级的傲慢与偏见的权威意见，下级的奉迎和恐惧而不说出心里话，何来的信息及其流动、处理？

不是没有信息（大家都不说出来），就是假信息（大家不说心里话，一味迎合）。

因此，中国企业管理问题的深层是观念、意识的问题。从整体看，就是文化的问题。

文化不是存在于《四书五经》这样的书本里，而是活在我们每个人的头脑里、心里。它的显现就是我们的生活（包括企业的经营活动）。

肯德基的高贵：自我牺牲

肯德基（包括麦当劳）其实是一个让人感觉很惬意的地方。买多少、买不买、坐多久，甚至只是为了上厕所，也不用担心被轰走、被歧视。这里包容任何身份、任何穿着的人，从贫穷到富贵。

我们看见它的宽容、友好、体谅了吗？然后它得到了回报。不仅是顾客盈门，更重要的是赢得了人们发自内心的尊重、喜爱。

一个品牌不就是这样建立起来的吗？

这不是投资打广告和口号，而是一种真实的自我牺牲。容忍、一视同仁地对待不买食物的、只买一杯饮料的人无限制时间地占据餐桌，又有几家餐厅能做得到？

被人喜爱、尊重即爱的根源是牺牲。不仅是金钱、利润的牺牲，更包括人性里的让步、妥协、忍耐、宽容、原谅、包容等。

很多企业打广告或招聘人才也舍得花钱，但是他们愿意制定出顾客无理由退货的政策吗？

而不是出于竞争压力的无奈吗？

会心甘情愿地执行每周 5 天工作制吗？

而不是执行法规的被迫吗？

在捐赠贫困山区的作秀外，是否愿意关心自己企业里的困难员工呢？等等。

我们可以模仿任何商业模式、商业政策、管理理念，但是又怎么能模仿这种高贵的自我牺牲精神呢？不是不能模仿，而是不愿意模仿。

因此，企业的进步，还要走一段艰难的让内心更加光明强大的旅程。

关注企业的人格、美德

如果让我推荐两本企业方面的书，那一定是小艾尔弗雷德·斯隆的《我在通用汽车的岁月》和杰弗里·琼斯教授的《再造联合利华》。我们可以徜徉于一家企业从开始到卓越再到经历各种挫折和顿悟、从自私到社会责任感的岁月里。在书中可以看见智慧、仁慈、正义、美德、责任、勇气、自我提升等。

《再造联合利华》中的一段话："联合利华董事长在1972年年度大会上说，'决定成功与否的所有竞争性优势都存在于知识这最后一招中'。他们都认识到'知识'是不断学习的结果，不仅具有多面性，还隐于实践之中。"

这是1972年联合利华的见地。

现在的企业实践中有这个认识吗？

能经常说说类似的话吗？

问题是，我们把知识，尤其是在实践中学习当回事儿了吗？

各个岗位人员的真知灼见能在权威意识、等级观念中被当作"决定成功与否的最后一招"吗？

印象深刻的是，小斯隆在书中提到了很多次研究专门问题的委员会，《再造联合利华》书中提到了很多次对专门问题的研究报告。也就是说，他们在研究问题，而不是简单粗暴地模仿。

在《再造联合利华》书中可以看到诸如核心竞争力、品牌形象、社会责任感、企业文化、多元化、公关等管理理念是由发明到初步应用、到成熟再到反思的过程。表面看来它们都是大问题，其实都出自对具体问题的研究。比如，对公关的理解不正是从一个个具体的危机事件中的学习和研究吗？

从书中还看出他们如何关注企业的人格、美德。我们会发现它们是高尚的公司。

1970 年的一份报告指出：内视哲学使别人指责我们傲慢自大。联合利华希望将自己描述为强有力但谦虚的公司。

我们提供的是绅士的工作，1962 年公关经理解释道："联合利华是一家慷慨仁慈的高效企业。"

我们无法模仿谦虚、慷慨，而是喜爱美德。我们的企业失去了美德，就是因为我们内心并不喜爱它们，而是喜爱物质享乐。

自我觉察：经理人的成熟

一个职场中的人，总是先要经历这两个阶段：初入工作，先积累经验；然后，随着资历的加深，开始学习一些必要的管理和营销方面的专业知识。即便仍然是普通员工，没有管理任何团队，也会如德鲁克说的，**任何一个负责任的工作者都会学习自我管理。总之，还是不自觉地会学习，或者领悟一些基础的管理知识。**

进一步，有些经理人开始关注人的心理世界了，不仅是消费者心理及管理团队中的心理，而且关注或者意识到自己的心理了。也就是说，经理人早晚会发现，到了一定层次后，真正限制发展的障碍或瓶颈就是自己。

比如，如果经理人发现自己在抱怨，而且越来越严重。而工作的问题不一定是别人造成的或外在因素的局限，而是有自己的问题。那么，他就能正视和认真对待“抱怨”问题了。他就开始了学习。

他也许会发现，“抱怨的深层心理是认为有人该为我负责，然而那个人并没有按照我的期待去做到”，这是对抱怨的一种认识和理解。这就是抱怨的消除及走向成熟。

再如，在培养领导力方面，争强好胜的企业负责人或高层管理者无法留住真正的人才。因为他在遇到不同意见时的反应是不高兴，慢慢地人们都不敢说话了。最终留下的大都是听话的、趋炎附势的平庸之才。

这些问题都是经理人受到自身的价值观、素质、境界、美德、心理、性格等的制约和局限。因此，探究自己的心理问题、了解自己，是经理人走向成熟的重要转折点。

如何了解自己、认识自己，乃至于改变自己呢？

看书、听课并不是对自己的真正认识，因为就如“抱怨”这个事物存在于我们的心里。因此要想了解它，就只能在它出现时观察它。

这就是自我觉察。在生活中随时地观察自己。这个观察本身就打破了诸如抱怨这样的内心事物的控制。然后，对它们直接观察，自然就开始了解它们的本质、结构、运作、危害了。

对自己内心的了解，就带来内心的转化。

脑子里的奴役

美国电影《丛林奇兵》，是2004年的老电影。虽然是简单的动作片，但是它对奴役这个问题却演绎得非常清楚。

矿主临死前对当地人说：“你们应该感恩我，我给你们带来了现代文明，你们有了工作，有了房子，有了更好的食物，有酒吧……”这就是典型的殖民思想。

而当地人反抗组织中的一个首领说，这是奴役。虽然物质生活提高了，但是当地人感受到他们在被迫工作、不得不去矿主那里工作，而且得不到应有的报酬，包括尊重，平等，更好的工作条件，等等。

因此，只要我们的脑子里有“这是我给你的工作机会”“公司是我的，我提供了就业，所以你们要感谢我”“你不听话我就解雇你、惩罚你”，等等，其实就说明我们心里还有奴役的意识。当然被奴役的一方如果认识不到这是奴役，也就说明他心里也是奴役意识（也就是说，如果他在强势地位，他就一样会奴役别人）。

所以，企业主及管理者们确实应该反思、观察自己的脑子里是否还装着这种奴役思想。否则，被奴役思想管理下的员工怎么能有积极性、创造性呢？那么，企业又怎么能有竞争力呢？

这也提醒我们，**企业的问题，不仅是薪资待遇、个人事业**

成功、升职发展的问题，更深层的是人的平等、尊重、理解、宽容、正直、正义等问题。这才是企业发展的根本动力。

因此，我们每个人应该检视自己的意识里是否有奴役思想。看见它，就是在超越它。

自我管理的企业文化

彼得·德鲁克开创了管理学。他的管理学的核心之一是知识工作者，知识工作者是实施自我管理的人。因此，现代管理体系的核心之一就是自我管理。

自我管理意味着，公司里的员工的分内工作是由自己组织、计划、安排、实施、控制、协调的，而不是事事都由上级主管安排。

比如，一个销售经理，他自己计划何时找哪个客户谈判，怎么分析客户，怎么制订这个客户的合作策略和计划，自己组织协调与此客户谈判的条件资源，自己学习与此客户谈判所需的知识、资料、技能、方法，自己评估谈判的结果及计划后续的谈判，自己学习和组织与客户如何保持关系，自己思考、计划、策划此客户的销售业绩的提升，自己分析此客户的问题、困难，自己决定是否需要更换客户（当然有些事情需要上级批准），等等。

而他的上级经理只是协助他完成任务。给他支持、指导和资源的协助、帮助，等等。同样，上级经理也是自我管理者，他的工作的主要内容也是关注他对自己的工作计划、组织、协调、控制、分析、学习、摸索、总结经验之上，而不是将自己的主要精力放在下级人员的工作内容上。

所以，**自我管理的本质是自由。只有人们走出等级观念、**

权威意识等，才能做到自我管理，才能建立起现代企业管理体系。

这与社区的自主管理，以及家庭里对孩子的教育理念的转变，即让孩子成为他自己而不是成为父母期望的样子，都是相同的，都是人获得自由后的表现。

因此，你的企业走向现代企业管理体系了吗?

那就要看这个企业中的核心人物（也就是其企业文化）是否超越等级观念、权威意识。

这就是当今国内企业最重要的、最急需解决的问题。

公司管理的转化

中国的一些企业面临着一个从家族企业到现代企业的转化的问题。

这个转化的本质是什么?

就是从人治（专制思想）转向法治（以公正和仁慈治理)。

从外在形式上来看，很多企业大都转向西方式的现代管理方式，比如，部门设置、制订战略、企业文化、流程设计、管理制度、ERP、财务制度、人力资源管理等。但是“人治”这个本质却鲜有改变者。而本质不改变，不过是披着现代管理外衣的家族企业。

所以，**一些企业的问题是，怎么使人治转化为法治?**

人治思想不仅是老板、管理者的问题，而是我们每个人的问题，包括各级员工。因为命令和服从是同一属性。假设人们没有了服从意识，那么命令模式自然就崩溃了。因此，这里说的人治问题是我们每个人都应该探索并超越的问题。

人治的本质或者说其危害到底是什么?

就是不平等。就是一个人对另外的人的压制、压抑、剥削、压迫、控制。这不是指经济上的，而是指内心的一种状态。

比如，我有了急于想分享的事情时，如有强迫别人去听的意愿，则是人治（专制、压迫)；若是在征求对方同意、愿意下，或者以恳求之心说自己的想法，这就是平等。

换个角度说，**法治意味着一个人的权力是由仁慈和公正授予的，而人治的权力来自金钱、地位、权威等**。这就清晰地看到人治的黑暗性，即它必然失去公正和仁慈。

需要我们清醒的是，山、水、空气、树木及公司楼房的水泥钢筋、办公桌的木头等，不属于某个人，更不用说公司里的人了。我们最多是这些事物的管家。

咨询工作的本质：影响、改变

杰拉尔德·温伯格在其《咨询的奥秘》一书说道，“我给咨询下的定义是：应人们的要求去影响他们的艺术。”

这就是咨询的本质。

那就更深入地走进去看看咨询的奥秘吧！

首先，“应人们的要求”，这个含义是指在别人没有提出要求、请求下，不要轻易地主动给别人提供建议、指导。

从咨询顾问的角度来看，虽然主动提建议，看似是一种免费的、无私的、善意的、帮助的、友好的、关系亲近的表示等的行为和动机，但是，其中隐含着自负、骄傲、强迫，即权威意识。尤其是权威意识，它演化出这种念头，“我看出你的问题了，你要是不改变，这么下去的话，必然会出问题。为了你好，我必须指出来，并尽量说服你，让你也看到问题所在”。

自由意识的人会有这样的念头，“我看出了你的问题，可是每个人都要经历自己的发展道路，即便那是错误的、弯路、挫折，可是每个人自己必须去经历它，而不是帮助他跳过去。因为此刻是别人帮助他跳过去了，后面依然会出现同样的障碍，谁又能始终跟着他呢？因此，我只是试探着提醒他，如果他也刚好意识到了，那么就继续深入探讨；如果他根本没有意识到，那么，就给他一个自己去体验的宽松环境。我只需更多地关注他这方面的事情，在必要时，再提醒”。

具有自由意识的人，也许同样会指出问题，只不过他永远是在平和、友善、委婉、宽松的心情下提出来的。

杰拉尔德·温伯格这句话的第二个含义是**“去影响他们”。这才是咨询的核心。咨询工作的本质就是要给对方带来影响、改变。带来影响和改变，这是咨询顾问的职责和价值。**

这看似容易，其实做到很难。最大的障碍是咨询顾问的“自我”。因此，在《咨询的奥秘》中杰拉尔德·温伯格也总是说，咨询的问题其实就是一个咨询顾问个人成长的问题，它的关键不在于知识，而是人的问题。

可以这么说，如果咨询结束，满意而归，咨询顾问内心有了胜利感、成就感、优越感，他其实是失败了。

被咨询的一方，有着同样的“自我”。

谁又愿意被人指指点点呢？

谁又承认自己不如别人呢？

如果咨询顾问的自我感太强烈，他的自负、骄傲、偏见、自以为是，可能会引起对方的不快、不满，这就阻碍了影响和改变。知识、洞见，被对方的不快、不满阻塞了。其根源是咨询顾问的不成熟的“自我”。

当然，这不是说咨询顾问应该阿谀奉承、见风使舵，而是要克己，不断提高自己的精神境界和美德。

这就比如我们都有自我，我们都自私、看重利益、家庭、理想、自己的兴趣爱好，不管是咨询顾问还是企业经理人。可是，咨询顾问要在合作过程中主动想着如何影响对方，给对方解决问题、带来变化，那么，他就必须是一个更加具有美德的人，比如，更加忍耐、宽容和有能力克制自己而做出更多的让步。否则，两个骄傲、自负的“自我”如何交流、合作呢?

还以自己的专业知识而自负吗?

也许对于咨询顾问来说，其实对任何人都一样，美德、爱的能力才是根本。

影响他人确实是“艺术”。不过，这不是指技巧、察言观色、人际关系的平衡等，而是指真实、真诚、美、善、关切关心、包容、宽容、谦虚、谨慎、务实、正直、正义、公正。这就是艺术。

也许为了这个艺术可能会丢失客户，但是得到的是艺术，即美和爱所给的是更广阔的回报。

流程可以引进、复制吗

流程、制度、工具、模式，或者是一种应用型的理念，是怎么出现的？

它们是怎么被创造、设计出来的呢？

它们必然是在出现了一个问题，而且是极其具体的一个问题，面对这个问题，无法越过这个问题时，在解决这个问题的过程中，被创造出来的。

比如，超市发现温度计经常发生故障，这就造成了对冰箱、冷库温度测试的不准，因此，就制订一个温度计的检查流程。员工不仅要每天检查冰箱温度，还要每周检查一次温度计的准确度。

如果这是一个大的调整，比如，员工工作时间的大幅度增加，那么这个新流程的建立就会涉及员工的工作安排的困难及人力成本的增加等难题。

怎么办呢？

是增加人力呢？

还是优化原有的相关流程呢？

抑或是挤压员工的工作时间和劳累程度呢（当然这就涉及人或企业的良心了）？

是否对比这个新流程解决问题的价值与提高的成本之间的差异？

……

这就是一个新流程或制度的设计过程的相关思考。

这个流程一旦被设计出来，对于这个企业来说，必然是最恰当的、合理的、有效的、高效的。

一个引进的、复制的流程，能够如此恰当地解决本企业的问题吗？

这个流程考虑到人力成本的增加，企业对成本的敏感程度、承受程度，企业的良知的程度，企业文化等因素吗？

一家企业的问题是它的问题，不是别的企业的问题。假设优秀的管理流程来自企业对自身某个具体问题的解决，那么，它的流程再优秀，又怎么能吻合其他企业的具体问题呢？

我们不是讨论流程、制度如何设计，而是思考另外一个问题，即引进其他企业的管理流程、制度、理念，甚至是企业文化等，真的有效吗？

或者一个更深入的、更有挑战性的问题：**真的有引进、模仿、复制外面的管理流程这种事情吗？**

当然可以引进、模仿。

我们是说，**引进后它们的效果如何？**

即执行、履行的情况如何？

达到它们应该达到的效果了吗？

这不是反对复制、引进。当然需要引进别人好的方法、流程、工具、制度等。而是在思考，为什么不在解决问题中，自己去设计适合这个问题的流程、方法、工具呢？

为什么轻易地就放弃自己解决问题和设计流程，而习惯性地引进他人的呢？

除了历史原因，即企业管理源自于西方，所以习惯了引进、学习，我们在心理上是否已经形成对外界，尤其是西方企业管理的依赖性了呢？

如果心理上依赖严重，那么我们就失去了创新的内在动力、机会，只有不断模仿。

金钱建立的自信，不是真实的自信，那只是对心虚、惶恐、自卑的掩饰。比如金钱的自信、自豪往往体现在大肆购买奢侈品品牌，而不是体现在创建自己的奢侈品品牌上。满身奢侈品，一旦有人说“你素质低下”时，立即就恼羞成怒。不自信就这么暴露了。一个人要是真的自信，何须对外界的批评、指责、污蔑有如此激烈的反应呢？

自信，是内心的一种状态，它怎么可能会由外界的事物，如金钱而建立起来呢？真正的自信，透露着轻松、宽容、大度、清新、愉快、智慧、幽默、从容、谦虚、和气、友好、谦让的气息。

自信，才有创新的机会，才有可能想到先自主解决问题。接下来，自己设计的流程、制度等也就顺理成章地出现了。

这里不是反对引进、复制外界的流程、制度等，也不是说引进、复制流程、制度的效果不好，而是在思考，为什么我们轻易地放弃了自己解决问题，轻易地放弃了自己设计管理流程呢？

同时也在思考：**引进、复制他人流程、制度是否真的存在执行困难的问题**。我们引进西方的管理流程、制度等确实有一个障碍，即我们需要深入到意识层次上进行变革。

如果执行困难的问题的根由就在于引进、复制，自己设计流程就成了必须要做的事情。

那么，怎么自主解决问题，自主设计流程、制度，以及怎么建立起自主解决问题、设计流程的意识、自信和能力，就成为接下来需要思考的问题。

探讨的主要目的就是把这个问题显现出来，使我们意识到这个问题的存在。否则，它很可能就一直淹没在我们的习惯性的思考模式里了。

第七章
公司与社会、道德

你为什么而感到自豪和骄傲

如果企业总是看见对“销售数字、商业模式、市场”的热议，却少见提及“消费者、生活、收入、工作机会”等，这样的模式能长久吗？

完全忽视人、无人性化的商业模式或商业成功能持久吗？

这么做是正义的吗？

是有良知的吗？

你（我们所有人）为了什么而自豪和骄傲？

你是怎么成功的？

你成功的价值是什么？

你的成功到底为谁带来了好处，或者以损害谁为代价？

也许你的成功只是打败了竞争对手，而不是创造了新的需求、扩大了需求、创造了新价值。或许你比竞争对手做得更好一点，这一点就是给消费者的价值。

那些被你打死的竞争对手如果活下来，会比你做得更好。因为你的模式本来也是模仿的，也只是做着一件平庸的事情。而消费者众多、市场巨大，也不是你骄傲的资本，与你及你的商业模式无关。

我们人类，只有心中的正义和良知，才值得骄傲。

迈克尔·葛柏所著的《达·芬奇心灵密码》一书的序中有一句话：“这类的文明，因为提高了科技的程度和自觉的程度，所以可以使得所有成员都不愁吃穿，并经由教育而懂得保护他们的大气层和生态系统。”

多么美好！那个“自觉”。在自觉中，善才能绽放。

不管是谁，包括商业人士，多些自觉，即为社会做贡献。个人和公司的这样的成功，才值得自豪和骄傲。

阻止垄断就是阻止不良竞争

垄断，在人们内心是这样的：离不开它的产品和服务，但感受到它的产品和服务有非常多及严重的缺陷（包括价格太高等），但又无法督促其改善（因为它会对反馈、投诉置之不理），这是冷漠、傲慢、缺乏尊重、爱心的表现。

也就是说，垄断不仅是一个市场问题、企业问题，不仅带来了更差的产品和服务，更严重的是，它助长了人的恶行、阻碍了善和爱的彰显、败坏了人的道德、污秽了人的心灵。从整体来看，它在危害社会及人类。

看看垄断企业中的人（哪怕是基层员工）就知道了，他们工作时间久了，就散发出懒散、傲慢、冷漠的气息，人性的善在他们身上逐渐消失。然后由此导致的不思进取、故步自封使他们变得落后保守、观念陈旧、境界低下。也就是说，最终影响他们的生活、家人及自己的人生。

因此，阻止垄断就是阻止恶的蔓延。

痛恨垄断，才能在自己的工作、生活中清除垄断的思想和行为。

有机油味的毛巾

新买的一条毛巾（超市的自有品牌，属于低端产品）居然有浓重的机油味，以前从未遇到过。半个月后，毛巾已经破烂不堪、不能用了。

这折射出一个问题：产品的档次分级不仅是以品牌价值、技术专利、设计价值、美、品质、品位等为区隔，而降低到以材质、做工成本、基本功能上的区隔。

这是道德底线一再走低和逐利、物质主义、极端自私的低级意识的结果。最终，每个人的生活也许都逃不开这个恶果。

为什么从小时候就开始学的钢琴、绘画、舞蹈，没有培养为艺术品位、素养？

为什么从小就学的道德品德没有变成高尚的品格、人格？

因为我们将接受教育作为提高物质生活水平的手段，最终得到的就是物质化的人。

物质化的人，怎么能做出艺术化的产品呢？

怎么能在生活中展示出美和创造力呢？

怎么能视产品的品质为企业的生命呢？

我们失去了智慧，又失去了善、美、爱、仁慈、正义和正直，还失去了心灵和灵魂。

真正的艺术是个人化的，因为那是一个人的内在体验。艺术素养和美德不是集体教育出来的。

产品的品质和安全、道德、意识

关注的问题不同，意味着意识状态的不同。

思考竞争的问题，与思考创造的问题，是截然不同的意识状态。前者带来更多、更残酷的竞争，后者在鼓励差异化中建立了包容。而包容，近似爱。这不正是意识的进化吗？

除了身体、身份等虚幻之物，意识不就是人自己吗？

意识中装的是竞争，绝不会想到对差异的尊重及创造自己的差异。比如，在企业经营中，就不会想到以深入理解消费者为核心，而自然会想到以模仿、复制对抗性的产品和做法为核心。后者，必然导致价格战。随后，偷工减料就变成必然的结果。

因此，产品的品质和安全问题表面上看是道德的问题，从更深层来看，是人的意识（这里是指观念、价值观等）问题。

在价格战的行业中，面对别人的偷工减料，自己的公司应该如何做呢？能否严守自己的道德？这是公司的生死与道德的坚守之间选择的大问题。但意识不会引起选择，只有行动。

假设我们的意识中根本就没有竞争（视竞争为恶的事物），那么就永远不会参与价格战的恶性竞争中。在实际经营中，这意味着，我们始终走在有自己独特的产品、模式、视角、细分市场、消费群体、定位、品牌形象、人才等的路上，从来就不会涉足价格战。

此刻，面对偷工减料的行业挑战，根本就无须选择。因为我们一直按照自己的“创造新产品”的意识在行动。所以，就总是能避开打价格战。当然，在竞争意识的人看来，也许是幸运或只是偶然。

超市收费是否正义

假设一家超市的房租涨了30%，那么它转嫁给供应商合理吗？超市将所涨的房租金额分摊到所有供应商身上（也许按照销售额占比分配），并且自己也要承担一部分，这也许是合理的。也就是说，超市不以此获利，也不以此填补经营不善的亏空，也不以势压人而公平的分摊。

这是一个良知和公平、正义、正直的问题。**超市收费问题的根源不在于收费多少，而在于所要的费用是否公平、公正、正义。**如果自己不善于经营（如无能的商品管理）而亏损，转嫁给供应商；成本（如房租、人力成本）提高了，但却借此向供应商多索取利益；不会控制运营成本，却转嫁给供应商，等等。这才是问题所在。

超市最好的促销位置可以最大限度地促进销售，哪家供应商都想要，超市收费是合理的。但是收多少呢？

如果超市有意促使供应商们竞价而得天价费用，这是良知问题，但并不能说不合理。

如果超市强迫供应商交促销费，或收过多的促销费，或交了费却不给促销位置，或不给承诺的好促销位置，那么超市就是不正义、不正直甚至是违法的。

总之，要想规范超市的费用问题，恐怕要先从正义、公平、正直、良知的角度去讨论，然后是法律、法规。

所以，不能只是说超市的费用太高了。因为这是市场行为，如果你认为费用太高了，可以不选择与它合作。因此，重点是界定和分清超市的各种行为哪些是公平、正义、公正、正直的，哪些是不正义的，要规范的是那些不正义的行为。

当然，在谴责强势者的不正义、不正直、无良知的同时，弱势者也应扪心自问：我是正义和良知的吗？

每个人都该不时地问问自己。

企业随时可行正义之事

企业的行为、举动影响着社会。

正义、正直、公平、尊重，难道不是一个人及企业的基本行为准则吗？比如，在产品短缺时借机涨价，就是不正义；为了获得低价而偷工减料，就是不正义；严刻的制度、流程导向，就有失对人的尊重，这就是不正义，等等。

其实我们都认为自己是好人，之所以会做些不好的事情是因为形势所迫。因此会说："先赚到钱后、能生存下来，再行善或行正义之事；先满足自己的一些愿望、理想、欲望之后，再考虑社会问题。"

大部分情况下，这么说的时候是真诚的，不是给自己找借口。其实是因为我们并不了解人性，从来没有重视过对人性的认识。

比如，一个欲望被满足后立即出现一个新的欲望，具体的某个欲望会被满足而终止，但欲望本身永远不会消失。这不过是对人的本性的基本认识，只要认真想想，谁都会发现这个事实。

我们常说："勤劳是美德。"但真相是这样的吗？如果我们是为了自己的私利、欲望而拼命工作，但是对社会问题、他人的利益、人的心灵和精神世界毫不关注，这样的勤劳其实是一种掠夺。

这就如一家每周五天工作制的企业与一家每周六天工作制的企业的竞争，到底谁才是高尚的、具有美德的呢?

如果每周工作六天的企业反而具有竞争的优势，这是一种劣币淘汰良币的法则。

因此，看清人性的真相，才能改变陈旧、落后、黑暗的观念，正义和良善才能由人的心流向社会。社会就会走向诸如每周五天工作制（并趋向工作时间越来越少）给人带来更幸福生活的方向，我们尤其是后代子孙都会受到福泽的荫护。

我们需要把注意力从外界移向自己的心灵深处，不能肤浅、庸俗、无知地度过自己的一生。

怎么花钱是我的事情

葡萄酒短缺，发财的机会到了；买房子的人多，所以炒房可以发财……现在还有多少人这么想、这么做呢？

“这么做真是太不道德了”，又有多少人这么想、不去赚这种钱呢？

人类在进化，向着良知、善良、一体意识、宽容谅解、包容、寻求正义和真理的方向。

因此，也许就有更多的人会想：那些没有房子、买不起房子的人怎么办？为了买房子而错失了青春时光的浪漫及一生都活在重压下是多么悲惨啊！

有没有意识到，我的一时奢侈，就是另外一些人的饥饿寒冷。我凭借智力、运气、背景拿到更多的资源，意味着别人只能拿到较少的资源。如果我再奢侈铺张地享用这些资源，就是在创造不公平、不正义。

还有多少人理直气壮地说“钱是我赚来的，我愿意怎么花是我的事情”？

那不是你一个人的事情，是所有人的事情，因为资源是地球的。

社会企业的内心

会有那么一天，尤其是在那些更文明的社会中，所有的企业都成为社会企业，即企业的职能，不再是拥有者的盈利问题，而是他会以解决一个社会问题而存在。

一家在努力解决周围社区早餐问题的餐馆就是一家社会企业。在它面前，那些喊着顾客至上、提供优质服务，而实际上只为赚钱的企业，就会显得如此贪婪。

当我们在谈论专业化、战略、技巧、标准化、人才、竞争、品牌时，如果缺乏一颗仁爱之心，那么，会在仁爱的文明社会中倍感羞愧。就如一个贪婪、自私、冷漠、暴力、保守的高智商的人进入了一个文明、开朗、仁慈、友好、善意、创新的名牌大学的班级时，会感到内心的孤独。大家不会因为你的好成绩而尊重你。

大数据很流行。不过，一个仁慈的心与一颗贪婪、自私、争夺的心对它的谈论就会不同。一个以它为牟利的人，看出问题最终也无法解决问题，因为最终的问题都是人的问题。善与恶，在企业运营的每一个片刻。当然，也在每个人生活的每一个片刻。

社会企业的参与者们，如果有足够的自我觉察力及有勇气面对自己的真实，那么就会看到，自己内心的出发点到底是出于对某个社会问题的深刻体验后的巨大的责任感、紧迫感，还是出于名利或只是一个工作的选择，即为了谋生。后者，自然不是社会企业需要的人。**因此，判断一个社会企业，更需看他们的人的内在。**

很多刚刚毕业的大学生和高素质的年轻人，热心投入社会企业中。但是，先明晰自己内心的出发点是一件重要的事情，这涉及社会企业本身的运作状况及个人的全方面发展。

作为消费者呢？

如果是一家社会企业，即他们以社会责任和人类贡献、进步为核心，那么我们多购买他们的产品，也就是通过他们在为社会、人类的生存、幸福生活、进步做贡献。反之，那些以私利为核心的企业，如果购买它们的产品，那么我们是在做着什么呢？

有什么样内心的人，就有什么样的选择。没有借口，自由意志乃人类之天赋。

你可以选择不欺骗

农业、生鲜产品及一切产品，除了物联网、互联网、专家、技术、资金、认证、合作社、理念外，让消费者信任和受益，难道不是你的产品首先是可信任的和有价值的吗？

如果做不到这一点及不在产品本身上下功夫，而是依赖其他手段牟利，这不就是欺骗吗？

欺骗，便得到欺骗的恶果。

我们经常说：“这不是我一个人的问题，上游、下游产业我怎么能控制？整个行业都是这样。”

任何一个人都无法真正控制他人，我们负有完全责任的是对自己（对子女也不能控制他们的一生）。你无法控制产品的品质，比如是上游企业问题，而且是行业性的问题，你对此别无选择，但是可以选择不欺骗（这也许意味着不做这个产品，乃至这个企业或这份工作）。

那我岂不是会失业？

如果我们选择了正直、正义、良知，会失业吗？

仔细想想吧：一个正义、良知、美德、善良、诚实、有创造力的人，谁不争着邀请他呢？

除非我们根本就不是这样的人，才会终日惴惴不安。

无信念的企业

那些以赚钱为目的，毫无信念、社会责任感、良知、善意的企业，它们给世界带来了冲突、破坏、恐惧、烦恼，而永远不会带来创新和价值，以及友善和爱。

有多少这样的企业？

又有多少有信念的企业？

我们自己是否就是其中的一员？

我们是否感受到羞耻？

我们是否感受到在为自己谋利的同时，给他人和社会带来了多少的恶劣影响？

这些被我们创造出来的恶果在世界上飘荡，它们最终该如何化解？

这必须依赖每个人，即制造它们的人的良心的觉醒。

当然，致力于为个人的利益而奋斗的人，不会觉察出无信念的企业的存在及其恶果。

演讲技巧的不良影响

在讲课、演讲时，如果过度关注演讲技巧，强调烘托气氛，哪怕是一丝丝，就带有恶了。因为这就有了想要影响别人的动机。这个动机是自私性的、强迫性的，为了自己的名利，或者为了自己的虚荣心、好胜心，即自我骄傲的膨胀。

让真理、理性和爱之光照耀人而使其醒悟，才是善和正义的。因为真理本身就意味着善、正义。因此，在分享真理，即分享善和正义时的喜悦中，早已驱除了自私性，又怎么会想到所谓的演讲技巧呢？

而且**分享真理的人并不担心听众的多少、崇拜者的多少。太在意听众，这本就是自私心的运作。**

我们需要认真观察：凡是那些注重包装、宣传、形式、迎合听众的、强调效果的演讲、培训，其内容到底是有价值的还是没价值的，是黑暗的还是光明的呢？

其内心是追逐自己的私利，还是在传播真理？

当然，首先是我们自己的心是向着光明的吗？

产品与社会责任感合二为一

一味追捧企业家、成功人士而不分善恶、正义与邪恶，那么意味着我们内心中的拜金主义，意味着我们自己就是为了私利而不择手段的人，意味着我们自己就是不顾社会责任而只顾自己的人。

所以，对每个普通人来说，更应该关注企业和做企业的人们、富裕的人们是否担负起一定的社会责任。

这不是对我们普通人的生活改善有利的事情吗?

我们为什么追踪的是诸如职位变动、花边新闻的无聊事情呢?

名人们、富人们成了茶余饭后的谈资。我们对高尚和光明的事物没兴趣。然而，我们的心要一直待在琐碎、阴暗、无知、冷漠、浅薄里多久呢?

企业的社会责任感绝不仅是捐款这种肤浅的外在的事情，而是指以创新、创造（产品的研发、技术的研究，甚至基础科学的研究探索）和改善人们的生活（研究挖掘和满足消费者的需求）为企业经营管理的核心。也就是说，**企业的经营根本，即其产品与社会责任感是合一的，这才是真正的社会责任感。**

而作为普通人的我们，一个有理性和基本智慧的人，知道谁在真的行善，谁是恶及伪善的吗?知道这些，我们才会从自己的利益出发，帮助、支持善而反对、批评恶和伪善。这是一个良性的社会，正义和仁慈才能得到伸张和发扬。

为什么我不关注纯商业的成功人士或企业?

这不是道德问题，而是说一个以私利为核心的人或企业，做得越好意味着它们从整体资源中攫取的就越多，大众得到的就越少。而他们所攫取的资源是用于私人生活的满足。因为资源是有限的，相对来说，众人的生活就更艰难。

如果我们不从中觉醒，而是参与这种以谋私利为核心的商业活动，就是在打造和最终生活在弱肉强食的丛林法则，即动物世界中。我们普遍看不到社会责任的价值是由于智慧的缺乏。

我们每个成年人，有多少人，在这一生中，认真严肃地思考过人生、生命、死亡、意义、价值、痛苦、苦难、快乐、永恒等?

这不是哲学、宗教问题，这就是每个人生活的内容。思考它们，才能唤醒智慧。

为顾客谈判

不管怎么说，一家企业还是需要善良和正义的。否则，不管做得怎么样，本质上都是在为个人的利益在危害社会、危害消费者。

沃尔玛一直强调与供应商的双赢关系。它们会这么做：通过谈判而压低供应商的进价后，一定会降低零售价，而不是全部留给自己作为利润。正如沃尔玛说的，**他们是为顾客谈判。**

这样做的结果是，由于更低的零售价，这家供应商的产品销量会增加，而供应商的销量增加就是超市的销量增加。这就有利于双方，当然还有利于顾客。实际上，如果供应商为了自己的利润而强硬谈判，他的竞争对手就可能向沃尔玛降价，那么他的产品就不好卖了，但沃尔玛不一定有损失。

同样，如果沃尔玛将谈判得到的价格优惠变为自己的利润而不降低零售价，那么这家供应商也会在其他零售商那里降价。如果其他零售商降低了零售价，那么沃尔玛就失去了价格优势，最终流失了顾客，还是损失了利润。

所以，正义之举不仅是惠予三方，而且是长久的竞争优势的来源（零售商是价格形象，供应商是品牌价值）。

显然，这样的效果只能发生在正常的、自由的市场竞争环境下。它为正义提供了基础，如果搞关系、贿赂这样的事情盛行于市场，那么为顾客谈判的理念就成为泡影。

忘我献身的人

其实，善的、正义的企业就是认真做产品、认真研究消费者的企业。

这样的企业绝不会粗制滥造、假冒伪劣，不会以假冒产品为满足，不会依靠“搞关系”经营企业。

问题是特定文化环境告诉我们，不能做自己想做的（这是不成熟、任性），要做这个社会所推崇的事情。即便社会盛行搞关系、假冒伪劣、从不创新，个人也要顺从这么做。否则，是要吃亏的，要付出惨重的代价。

所以，觉醒的人，不打算与社会同流合污的人，试图改变社会的人，将会经历更多的人生的艰难困苦。

伊藤博文说：“一个落后的民族，如果没有一批忘我献身的人，这个民族是不会振兴的。”

幸福、正义，怎么能完全靠别人的帮助而实现呢？

我们每个人都不得不面对自己的所作所为的后果（有些后果是由后代承担）。

学会约束自己的私欲

市场本是文明、人性的产物，它不再依靠暴力、掠夺，而是通过公平的交换获得自己需要的东西。自然激发出善的竞争：以自己的创新、质量、信誉（品牌）、聪明才智、管理效率、对人的尊重调动员工的积极性和创造性等而胜出。

虽然在人类社会里市场早已有之，但现代市场含有强烈的道德和法制（正义）的特性。本来是逐利性质的市场反而成了表现人类道德和正义的美好舞台。正如亚当·斯密在《道德情操论》中说："对我们自身幸福的关心，把审慎的美德推荐给我们；对他人幸福的关心，把正义和慈善的美德推荐给我们。"

因此，我们一直面临着这样一个问题：我们搬过来"现代市场"这个外壳，却没有在其背后的道德、美德上下过功夫。我们内心还是处在自私心的、逐利的道德水平，我们在为自己谋幸福时，没有审慎地约束自己私欲的美德；也毫无关心别人幸福的正义和慈善的美德。

由此导致的问题我们都在经历。假冒伪劣、粗制滥造、污染环境等，遍布各个行业。**与贫穷相比，一下子涌出来的物质丰富，让人们更弃道德而不顾。**

如果不从提高道德入手，我们的企业绝不会有真正的竞争力。

比如，不约束自己私欲的企业负责人怎么能顾及环保和员工的利益呢？他认为多给员工的钱、治理污染的钱就是从自己腰包里掏钱。

不约束自己私欲的员工就像阿伦特说的“平庸之恶”一样，哪管自己工作的善恶，哪管企业的品牌形象、产品质量、工作效率，只要自己能谋生养家、享受物质生活就行。

因此，**在私欲与他人的利益之间，有意识地约束私欲与正义和仁慈的关心他人的幸福之间，我们必须有一个提升。**这看似是道德问题，实际上是人性的觉醒、智慧、人的精神境界的问题。

善良的理发师

很喜欢这个理发师的故事：30 岁的 Mark Bustos，是纽约一家高档发廊的发型师，每个礼拜天，他都会上街给流浪汉们免费理发。在 Mark 的 Instagram 写着这样一句话："我们每个人都应该有第二次机会。"

从附的照片中看到，一个个肮脏颓唐的流浪汉理完发后像办公室里的白领一样帅气、生机勃勃。

他是真正的善。从打造企业形象的角度来看，他必然是成功的，他的发廊必然会生意兴隆，他的品牌就成功了。**这就是企业形象的意义所在，它超越了产品的使用功能本身的意义，而进入人的精神世界。**

而进入精神世界，必然是善的和真诚的。

在我们不认识这个理发师的情况下，我们怎么知道他不是在作秀呢?

他的发廊或者他自己的核心价值是理发，即理发手艺，也就是说，他在用自己的核心价值、时间、精力，以及自己亲自接触流浪汉的肮脏去做善事，这些就是证明。

企业有社会责任感，想要有益于社会，如果他是真诚的、真心的，那么他一定是在用自己企业的核心能力去做善事、做公益。

比如，我要开超市，在某个没有超市的地区开超市（当地还都是传统的夫妻店），并把它经营好，选择好产品而尽量低价，友善对待顾客，那么他这不就是在行善吗？

也就是说，这家超市不仅是开拓市场，还给当地的人带来更高品质的生活。

对比这样的做法：偶尔去捐款等，然后自己的超市疏于经营和管理，销售假冒伪劣产品，不善待员工和顾客等。因此，这样的捐款是出于真的善心吗？

这是善行，但不是善心，而是私心。

人也一样。

我们忙着捐款的同时是否意识到，我在工作中钩心斗角、嫉妒、恶语中伤、任人唯亲、欺上瞒下；在生活中，漠视孩子的成长，不忠于家庭（妻子或丈夫）、慢待老人；蛮横无礼；争抢不排队等。那么，这是一颗善良的心吗？

善，就在我们每个人当下、此刻的行为里。

规则意识的觉醒

没有规则意识的人和社会，其实还处在野蛮阶段。弱肉强食、不择手段、唯利是图一定会大行其道的。那么，公平、正义、仁慈等是不会有的。因为规则显然是在保护弱者，而弱者失去了保护的社会，实际上就没有公义和仁慈可言。

每个人，不管是做什么的、有多少财富，都会在某种情况下是弱者。

因此，我们应该反思自己的规则意识是否觉醒了？

我对小区里的垃圾分类规定遵守了吗？

我们遵守红绿灯规则了吗？等等。

规则在表面上看是强制性的，实际上是尊规则为神圣的意识的觉醒。例如，婚姻制度，如果一个人视婚姻为神圣的事物，那么在由于各种不得已的原因要面对离婚的选择时，他要经历一次内心良知的挣扎，即他在得罪一个被敬畏（尊敬和害怕，而害怕意味着恐惧受到惩罚）的事物。

显然，不敬畏规则的内在原因是信仰问题。

如果我们信仰的是追求私利，那么规则就在私欲之下。是否遵守规则，要看是否对自己有利。在这样的意识境界下，市场和企业的运作就永远不会有公正和仁慈。

扁平化与平等

平等不是指公司组织结构的金字塔形式还是扁平化（这只是形式的东西），而是指一个人内心意识中的平等观念。平等意味着尊重。**尊重的表现之一是倾听。所以，观察一个人是否有倾听能力就知道平等意识是否进入他的内心，还是依旧是黑暗的等级观念。**

内心的黑暗不除，再好的管理制度也是摆设。

因为公正、真理、仁慈就被这种权威性压制了，人自然就活在内心痛苦和更多的苦难中。

平等的本质是什么？

或者说平等观念最基本的表现是什么？

尊重他人的意愿，即绝不会把自己的意愿强加给任何人。然后，自然会表现为不再说教、宣讲，而是愿意去倾听、去了解探究。

这才是工作。

第八章
公司与能力、素养

大数据和因果律

大数据的关键不在于数据，而是思维方式的一个革命。即不再以时间线上的因果思考问题，而是以同时发生的、与时间无关的所有事情之间的关联中寻找问题及答案。而关联，就是在大数据中所能体现的。

大数据的方式很像是冥想（直觉、洞察）。它们都不强调头脑的思考，而是强调观察，对事物的直接观察。

大数据中各个事物之间的联系，不是思考出来的，而是观察出来的。

如果我们带着因果律的观念去寻找关联、关系而不得时，并不意味着它们不存在，只是我们头脑中的思想还未认识到、看到它们，而大数据却能神奇地将它们展示出来。

艺术素养是培养出来的吗

现在，艺术性不仅是艺术家和文艺青年的事情，还是企业必须具备的。产品中的艺术性意味着功能、实用主义的过时，普通人开始超越了仅仅关注功能的阶段。产品缺乏了艺术性，意味着不会再有品牌价值，不管花多少钱做广告。

艺术性的本质是美。在对美的沉思中，美即艺术性便不期而至。

一个真正具有艺术素质和美的人，必然是一个同情、仁慈、体贴、内心柔软（柔软意味着总是在感受着他人的内心，而不是封闭在自我世界中）的人。因为这都需要高度的敏感、敏锐、关注、关心。

能高度关注一幅画，就能关切到某个人的痛苦、贫困、执着。这个人也许就坐在对面，也许是朋友、同事、邻居、高铁上邻座的陌生人，也许他在兴奋中或苦恼中，也许他是正在伤害你的人、嫉妒你的人、惹恼你的人。

你能感受到他们的感受吗？

这就是美和艺术性。

敏感、关切，就是爱。

线上、线下结合的新方向

安吉拉·阿伦茨（Angela Ahrendts）提问："谁是奢侈品下一代的消费者?"所有的咨询公司都给出同样的回答："Digital Natives"，那些和互联网一起长大的年轻人，打造了一个虚拟和现实混合在一起的零售体验。(《Burberry CEO Angela Ahrendts 身上的苹果气质》)

Ahrendts 形容这个旗舰店说："就好像你走进了 Burberry 的网站一样。"网站和实体店完全一致，尤其是实体店酷似网站，这才是线上和线下结合的完美表现，它代表着未来的方向。这也是品牌的时尚性和科技性的方向。

再看看我们在做的线上和线下结合的思路的粗糙和肤浅。

我们为什么不能更加大胆和放开一些?

我们被什么束缚住了?

模仿是不能创新的结果，而不是原因。什么阻碍了我们的创新和胆识?

也许我们的头脑中根本就没有崭新事物的精神原型。

我们习惯于在思想中寻找和生活，可是所有的思想都是旧的，它们不可能产生新鲜事物。任何新鲜的事物，都是对现实、正在发生的事物的体验。

对现实的体验，带来了胆识和动力。这个体验，激发了新

的创造的想象力。

无须再问我们为什么忘记了体验真实世界，也许是教育、文化等因素。重要的是，我们现在就去体验真实、现实。

公司未来努力的方向

在谈到“设计哲学”时，不同于很多设计师或者创业公司的创始人都会把“简单”挂在嘴边，Dennis Miloseski 的回答是“实用”“在我们的工作过程中考虑的最多的是什么能对用户有用”。（摘自《三星要变成一个生活化品牌》）

从上面可以看出，**三星的设计核心理念仍然是以现有用户的需要为核心，这意味着他们灵魂中关注的焦点还不是在创新上，他们关注的是人们当下的需求。**

他在文章中还说：“三星正在改变自己的品牌形象，他们希望三星成为一个生活化品牌，而逐渐淡化硬件制造商的品牌印象。……我所说的生活化品牌是指希望三星成为一个用户身份的 ID。”

三星说的“用户身份”，意味着一群人区别于其他人的共同特征，而核心的区别就是生活方式的不同。人们开始对自己的生活方式有所觉醒。觉醒意味着人们开始知道自己是如何生活的，并在觉醒中，有了自主选择和改变自己行为的可能。比如，一旦意识到自己有浪费的生活方式，那么节俭的生活方式就开始了。

这就是公司未来努力的方向。

只有高品位还不够

一个有品位的人，才能做好设计。一个人的品位有多高，他的设计就会有多宏大。

哲学、艺术、音乐、心理学、文学、社会学、人类学、历史学等，构建了一个人的品位气质。不过这个品位会有一个限制，即这个人的“自我”。一个冷漠的人可以有高品位，不过他对关怀、爱的表达就会有局限。一个在嫉妒中的高品位、高素质的人，并不会让人喜欢。而此刻他给世界带来的是嫉妒之火，而不是他的品位和素养。

她可以欣赏美，向他人讲解美；她也许长得很美，还可以再附加上气质优雅、高贵，但是她如果深陷“自我”之中，自身却可能一点也不美，反而是丑陋的。

因此，要创造一个受人喜爱的产品，不仅创造者要有艺术和美的素养，还要有美德、仁爱之心。然后，他创造的产品就是温暖的。

你就是艺术

当在营销乃至任何工作或生活中，全神贯注、心无旁骛、处于心灵自由的状态中，无丝毫利益、目标、追求、炫耀、恐惧等，这不就是艺术吗?

是否有这种经历：看到一个心无旁骛的、专注的人是那么美?

不管他是做什么的，也许是交警、出纳、司机、写作者、耕田者、机床前的工人、交谈者等。

你就是艺术，然后才会创造出艺术品。它们也许是一个决策、方案、冲突的解决、一次补货、一次烧菜、一次谈话。

要时时自我更新

《苹果有意推出基于位置的紧急服务应用》一文中说："为了解决这个问题，苹果公司提出一款iOS紧急（Emergency）应用程序的概念，让用户可以基于他们设备的当前位置快速获取当地的医疗、警方或消防服务，并快速联系需要的紧急救援机构。"

为什么苹果公司能想到开发这个应用，而我们很难有类似的创新？

是我们缺乏人性化、救助、关怀之心，还是我们的思维已经被模仿所固化而只朝着模仿的方向思考，或是我们生活于思想、情感的肤浅层面而从来没有真实地体验过生活（也就是说，我们对恐惧、无助等往往是麻木和逃避）。

这些因素都有。

因此，我们就只剩下模仿别人了。在人性化、创造人类的幸福的方向上，我们没有创新的能力。因为我们无法模仿同情、怜悯、关爱、宽容、正直、关心公众利益、正义、善良、仁慈等。

人心是无法模仿的。我们需要的是对自己的更新，而这来自对自己的否定。那就要先克服一个障碍：幼稚（情感上的）的自大。比如，试试承认自己的产品不好有多难就清楚了，我们是在情感上不接受。

因此，我们还需要一颗成熟的心。

思考的诀窍是耐心

不会沿着问题深入思考下去，所以思路就自然到了多元化、关注形式的变化上。这是肤浅和急功近利及对未来的恐惧。

思考问题真正的诀窍是耐心。只需我们的耐心，耐心地待在问题里，答案自现。犹如牛顿在苹果树下的沉思，不是某个方法，更不是掉下来的苹果，而是水到渠成，功夫到了，他的耐心和探索精神等到答案的来访。

没有耐心，沉不到问题里去，而忙着思考多样化、形式变化等。我们认为这就是在思考，在积极思考，很有创意，其实早已离开了对问题的探索的正路。沿着这种思考方式就会想得越多，离答案就越远。

耐心是一种美德。它是没有功利心的探索精神，没有狡诈、争强好胜，对事不对人，不去迎合人的热爱真理的质朴，重精神世界高于物质世界的高贵。

因此，真正的思考也是美德，我们需要这样的思考。

不会沟通，就是不会工作

在生活和工作中倾听、讨论、交谈、探讨时，请千万注意一个事情：不要习惯说“你不对”，而是问“你为什么这么说”。前者是用自己的观点在争论，后者才是共同探索问题。倾听，本来就意味着先暂时放下自己的观念，而进入对方的观念里。

这才是优美而高贵。

不会沟通、交谈、讨论、倾听，实际上就是不会工作。

对肤浅的思考

能用做可口可乐的模式做奢侈品吗?

奢侈品的本质其实就是对大众消费可及性的否定。

这意味着做可口可乐就是在推动平等(因为大众消费品就是让每个人买得起),那就要把平等思想扎根心里,我的使命就是推动平等;若做奢侈品就是在追求和推广精益求精的、高贵的精神,以及卓越、探索精神,等等。

先不说道德上的善恶,关键是它们是如此地不同,但都是卓越。能把可口可乐做到卓越,能把奢侈品做到卓越。因为我们自己,这个思考商业的人,就是卓越的。

看透产品背后的精神存在,并致力于追求那个精神,才是超越肤浅的、卓越的人。

如果在做可口可乐等大众消费品时,做出了庸俗,做奢侈品时,做出了傲慢,必是一个肤浅的人。因为他活在物质层面,不具备可口可乐内含的平等思想或奢侈品里内含的高贵素质。怎么做好企业和产品呢?

我们有必要思考:

快递业所蕴含的思想是什么?

零售业所蕴含的思想是什么?

电子商务所蕴含的思想是什么?

然后才会得出一个正确的结论：所谓的线上与线下融为一体的新零售意味着什么？腾讯、阿里巴巴等电商企业收购零售企业意味着什么？

企业的竞争力，需要有深刻思考的人打造。

融会贯通

融会贯通意味着方法、理论、理念、经验、知识被推入潜意识、无意识中，自己已经意识不到它们的存在，但是它们恰恰在这个时候，时刻支配着我们的思想和行为。比如，对大数据融会贯通了，就不会再说“用大数据发现某某”，而是说“某某如何如何”了。

当听说、学习、看书知道了要具有消费者导向时，豁然开朗、领悟它了，随即就要扔掉它。消费者导向这句话对我已经没用了，已经意识不到它的存在了，因为我满眼看到的都是消费者。

此刻，自然会想到要调查消费者的需求、要研究生活，从消费者角度看产品和研发，开始对心理学感兴趣，对请客送礼失去兴趣，把钱投到调查市场上不觉得心疼了，等等。

这才是学习、求知、探索真理的意义所在。否则，任何理论、知识、老师的说教、书本又有什么用呢?

融会贯通意味着超越思想、观念、概念，看见事物自身。

比如，正直的概念与正直本身是完全不同的事物，一个是思想性质的人的头脑里的事物，一个是客观存在的事物。正直本身只能在我们做的事情里体现出来：在于一家超市当与供应商谈判获得优惠后留给顾客多少的选择中，在于一个企业负责人、高管，自己生活的水准与公司利润、顾客让利、员工待遇的比较中，等等。

融会贯通体现在这些微小的事情里，比如一家超市，他不是热衷于谈论顾客导向这个理念，而是在研究每个员工今天上班的心情。这才是在踏实地做好顾客服务，才是顾客导向的企业。

商业成功的根本：洞察力

调查问卷的方式，越来越暴露出问题，其实这是一个进步。说明营销人员（其实就是所有人）开始走向、探究人的内心世界。

开始意识到和探究人的内心世界，这是意味着营销者发现人们并不是真的知道自己的思想和行为（很多情况下，人们并不会有意欺骗、说谎）。所以，他们的回答或者某几次行为根本不具有实际的意义，那只是偶然性或某个情景下的行动和想法。

假设你在考虑是否应该在社区里的便利店中加入新鲜蔬菜的销售，也许是基于门店面积本来就比较大、社区人口较多、距离农贸市场稍微远一点等诸多因素的诱发下的想法。

你对此没有任何经验和把握，因此就想到去问问社区内的居民。

你发了问卷："如果超市开始销售新鲜蔬菜，您愿意来此购买吗?"

人们会如何回答?

他们在回答时的内心在想什么?

也许是想到，你的菜好才考虑买；

你的价格便宜就买；

我喜欢货比三家，所以我还是会去农贸市场买；

我周末集中购物，所以我去大卖场买；

我不在乎价格，方便最重要，下班后顺便买回去了，等等。

等你引进蔬菜后，这些人真的像他们说的那样行动吗？

那个说菜好才买的人，也许根本不在意菜的好坏；下班路过时就买了，也许不愿意为买菜而走路，所以即便菜不是特别新鲜，也懒得走到农贸市场去买。如果这些人足够多，那么卖蔬菜这个计划就成功了。

那个说价格便宜就买的人，却总是习惯到大卖场集中购物，或者他刚好晨练回来路过农贸市场就在那里买了，只有在特殊情况下才偶尔到社区超市买菜。

那个说下班后路过就买的人，也许每次下班时都疲惫不堪，反而是匆忙回家，等到周末去大卖场集中购买。

那个说周末去大卖场集中购买的人，也许由于家人不愿意陪他一起购物，他就懒得去大卖场了，而是随时在社区超市买菜，或者去农贸市场买菜。

在真实的生活中，还有无数种可能性回答。

你要是单纯地根据他们的回答而决策，那么，风险就太大了。

除非你具有洞察力，能够看透人们的生活态度、方式、想法，至少能够看透你所在社区的人们关于买菜的主流的想法。

其实，现在已经可以清楚地看到问卷调查的缺陷，人们真的不了解自己内心的想法及其瞬息万变的特点。

自己具有洞察力，才是了解人们的内心想法及商业成功的根本。

洞察力，来自对内心世界的观察。

学习，就是关注

企业尤其是营销中的专业性、学习型组织或文化，需要我们反复地讨论、探究。专业性来自学习，而这个学习能力恐怕也需要学习。

假设我是一家做教育类产品的企业或者营销人员，即便我从未学过、接触过教育行业，但是，由于是销售教育类的产品，我就必须时刻关注、学习与教育相关的知识、观念、经验、动态、趋势等。

所看到的知识也许不能直接用于销售，或者不一定能够看得懂或理解透彻，但是，学习和关注的意义在于，这些知识在培养一个人在这个行业，如教育行业的素养、深度、洞察力，而这些就是专业性、开阔的视野、深刻的行业洞察力的根源。

就如一个人有了音乐素养，虽然不会任何乐器，但是他完全能理解、懂音乐，可以鉴赏、评价、沉浸其中，还可以引导他人欣赏音乐，听出其中的含义。

这好比是资深的球迷，虽然不踢球、球技不高，但是由于多年对足球的关注，使他有了丰富的足球知识和欣赏、分辨能力、评判能力、洞察力。他绝对能够看出球赛中的精髓，甚至能很准确地预见比赛的胜负，他能享受其中的乐趣。这是他的生活。

因此，**这与是否是这个行业出身及是否学这个专业无关，**

一个人的注意力、关注力在哪儿，就是在学习什么。然后，还需要不断探索、思考。思考，才能促使人不断走向行业的深处。

此刻，他已经是教育专家，虽然不被正式承认，没有各种证书，但是，他了解各种教育理念，知晓它们的区别和优劣，知道教育的规律和发展方向，知道主流的教育理念的细节、逻辑、原理、方法。最后，他甚至有了自己的关于教育的看法。然后，如果他有了孩子，会实施自己的教育理念。他能看出学校的教育问题，能理解孩子的学习的内在过程，他完全可以引导孩子度过一个个学习障碍。

如果他是这样的人，怎么会销售不好教育类的产品呢？他可以比任何人都深入理解自己的产品，也就能理解它为消费者提供的核心价值是什么，更容易知道如何推广、介绍它。他能进入家长的内心里，知道什么样的价格刚好打动家长，而不是吓跑家长。

他浑身都洋溢着教育气息，这才是企业和营销人员的专业性。甚至连营销人员的销售技巧、沟通技巧等专业性的技能，也不如这个更有价值。

企业和营销人员难道不应该主动学习、关注行业知识吗？而且是充满热情的、激情的、积极的、自发性的，犹如自己的兴趣爱好般地关注行业知识。

只是关注生产或销售技巧、品牌管理吗？

还要不断了解产品，进入产品的内涵中，进入它的使用及使用者的内心体验中，这才是专业性的体现。而在这里，产品就会与行业相遇。

这样的人或企业，就是学习型的人或企业。

学习，就是关注。一个人关注教育，就能时刻注意到、吸收到它的知识、经验、动态。持续地关注和思考，理解就会不断地深入。这一切都来得轻松自然，如呼吸一般。

因此，重点是关注。

我们平时的关注力在哪里呢？

是否经常在分散、懒散、肤浅的状态中？

还是专注，并关注在积极向上的事物上呢？

我们销售教育产品，是从不深入关注教育、产品和销售技巧，还是时刻在留意它们呢？

这就是学习与不学习、专业与不专业的差别。

真正的创新，是一个崭新的想法

一个营销者说："你们需要什么？告诉我，我给你们制造这些。"另一个人说："这是更好的生活方式，你要不要试试？"其实他心里想：你爱试不试，这本来就是更好的生活方式，你愿意生活在老的、落后、不方便中，那是你的事情。而且我知道它早晚会成为潮流，你也不得不适应。

后者的方式，才是真正的创新。

一个在人们心中早已存在的想法，一家企业实现了这个想法，这是创新吗？即便在企业制造它之前的物质世界上还没有它的存在。

但是，一个在你心中升起的新想法，而在其他人的心中还未想到，你把它制造出来，这才是创新。

真正的创新，是一个崭新的想法。

当然，你提出了一个对方不知道的、从未想到过的新想法，但是有可能其他人知道。这也是创新，一个针对"对方"这个人的创新。你给他带来了崭新的想法，一个新想法，进入他的头脑中。

相对而言，你把别人心中的想法制造出来，最多是小创新。当然，这也是了不起的贡献。

我们要的是哪一种创新呢？

推荐作者得新书！

博瑞森征稿启事

亲爱的读者朋友：

感谢您选择了博瑞森图书！希望您手中的这本书能给您带来实实在在的帮助！

博瑞森一直致力于发掘好作者、好内容，希望能把您最需要的思想、方法，一字一句地交到您手中，成为管理知识与管理实践的桥梁。

但是我们也知道，有很多深入企业一线、经验丰富、乐于分享的优秀专家，或者忙于实战没时间，或者缺少专业的写作指导和便捷的出版途径，只能茫然以待……

还有很多在竞争大潮中坚守的企业，有着异常宝贵的实践经验和独特的洞察，但缺少专业的记录和整理者，无法让企业的经验和故事被更多的人了解、学习……

对读者而言，这些都太遗憾了！

博瑞森非常希望能将这些埋藏的“宝藏”发掘出来，贡献给广大读者，让更多的人从中受益。

所以，我们真心地邀请您，我们的老读者，帮我们搜寻：

推荐作者

可以是您自己或您的朋友，只要对本土管理有实践、有思考；可以是您通过网络、杂志、书籍或其他途径了解的某位专家，不管名气大小，只要他的思想和方法曾让您深受启发。

可以是管理类作品，也可以超出管理，各类优秀的社科作品或学术作品。

推荐企业

可以是您自己所在的企业，或者是您熟悉的某家企业，其创业过程、运营经历、产品研发、机制创新，等等。无论企业大小，只要乐于分享、有值得借鉴书写之处。

总之，好内容就是一切！

博瑞森绝非“自费出书”，出版费用完全由我们承担。您推荐的作者或企业案例一经采用，我们会立刻向您赠送书币 1000 元，可直接换取任何博瑞森图书的纸书或电子书。

感谢您对本土管理原创、博瑞森图书的支持！

推荐投稿邮箱：bookgood@126.com　　推荐手机：13611149991

1120 本土管理实践与创新论坛

这是由 100 多位本土管理专家联合创立的企业管理实践学术交流组织，旨在孵化本土管理思想、促进企业管理实践、加强专家间交流与协作。

论坛每年集中力量办好两件大事：第一，“**出一本书**”，汇聚一年的思考和实践，把最原创、最前沿、最实战的内容集结成册，贡献给读者；第二，“**办一次会**”，每年 11 月 20 日本土管理专家们汇聚一堂，碰撞思想、研讨案例、交流切磋、回馈社会。

论坛理事名单（以年龄为序，以示传承之意）

首届常务理事：

彭志雄　曾　伟　施　炜　杨　涛　张学军　郭　晓　程绍珊
胡八一　王祥伍　李志华　陈立云　杨永华

理　　事：

张再林　卢根鑫　刘文瑞　王铁仁　周荣辉　罗　珉　房西苑
曾令同　黄民兴　陆和平　孟广桥　宋杼宸　张国祥　刘承元
叶兴平　曹子祥　宋新宇　吴越舟　吴　坚　杜建君　戴欣明
仲昭川　刘春雄　刘祖轲　张茂泽　段继东　陈立胜　梁　涛
何　慕　秦国伟　贺兵一　罗海容　张小虎　陈忠建　郭　剑
余晓雷　黄中强　朱玉童　沈　坤　阎立忠　张　进　丁兴良
朱仁健　薛宝峰　史贤龙　卢　强　史幼波　黄剑黎　叶敦明
王　涛　李文才　王　强　张远凤　陈　明　廖信琳　岑立聪
方　刚　何足奇　周　俊　杨　奕　孙行健　孙嘉晖　张东利
郭富才　叶　宁　何　屹　沈　奎　王明胤　王　超　马宝琳
谭长春　杨竣雄　夏惊鸣　张　博　段传敏　李洪道　胡浪球
孙　波　唐江华　程　翔　翟玉忠　刘红明　杨鸿贵　伯建新
高可为　李　蓓　王春强　孔祥云　戴　勇　贾同领　罗宏文
张兵武　史立臣　李政权　余　盛　陈小龙　尚　锋　邢　雷

余伟辉　李小勇　苗庆显　孙　巍　陈继展　全怀周　林延君
王清华　初勇钢　陈　锐　高继中　聂志新　黄　屹　沈　拓
徐伟泽　潦　寒　谭洪华　崔自三　王玉荣　蒋　军　侯军伟
黄润霖　朱伟杰　金国华　吴　之　葛新红　周　剑　崔海鹏
李治江　陈海超　柏　龑　唐道明　刘书生　朱志明　曲宗恺
杜　忠　黄渊明　王献永　范月明　吕　林　刘文新　赵晓萌
张　伟　韩　旭　韩友诚　熊亚柱　秦海林　孙彩军　刘　雷
贺小林　王庆云　黄　娜　俞士耀　田　军　丁　昀　张小峰
黄　磊　罗晓慧　赵海永　伏泓霖　任彭枞　梁小平　鄢圣安
马方旭　乐　涛　杨晓燕　欧阳莉华　陈　慧　张　璐

企业案例·老板传记

	书名.作者	内容/特色	读者价值
企业案例·老板传记	**你不知道的加多宝:原市场部高管讲述** 曲宗恺　牛玮娜　著	前加多宝高管解读加多宝	全景式解读,原汁原味
	借力咨询:德邦成长背后的秘密 官同良　王祥伍　著	讲述德邦是如何借助咨询公司的力量进行自身与发展的	来自德邦内部的第一线资料,真实、珍贵,令人受益匪浅
	娃哈哈区域标杆:豫北市场营销实录 罗宏文　赵晓萌　等著	本书从区域的角度来写娃哈哈河南分公司豫北市场是怎么进行区域市场营销,成为娃哈哈全国第一大市场、全国增量第一高市场的一些操作方法	参考性、指导性,一线真实资料
	六个核桃凭什么:从0过100亿 张学军　著	首部全面揭秘养元六个核桃裂变式成长的巨著	学习优秀企业的成长路径,了解其背后的理论体系
	像六个核桃一样:打造畅销品的36个简明法则 王　超　范　萍　著	本书分上下两篇:包括“六个核桃”的营销战略历程和36条畅销法则	知名企业的战略历程极具参考价值,36条法则提供操作方法
	解决方案营销实战案例 刘祖轲　著	用10个真案例讲明白什么是工业品的解决方案式营销,实战、实用	有干货、真正操作过的才能写得出来
	招招见销量的营销常识 刘文新　著	如何让每一个营销动作都直指销量	适合中小企业,看了就能用
	我们的营销真案例 联纵智达研究院　著	五芳斋粽子从区域到全国/诺贝尔瓷砖门店销量提升/利豪家具出口转内销/汤臣倍健的营销模式	选择的案例都很有代表性,实在、实操!
	中国营销战实录:令人拍案叫绝的营销真案例 联纵智达　著	51个案例,42家企业,38万字,18年,累计2000余人次参与……	最真实的营销案例,全是一线记录,开阔眼界
	双剑破局:沈坤营销策划案例集 沈　坤　著	双剑公司多年来的精选案例解析集,阐述了项目策划中每一个营销策略的诞生过程,策划角度和方法	一线真实案例,与众不同的策划角度令人拍案叫绝、受益匪浅
	宗:一位制造业企业家的思考 杨　涛　著	1993年创业,引领企业平稳发展20多年,分享独到的心得体会	难得的一本老板分享经验的书
	简单思考:AMT咨询创始人自述 孔祥云　著	著名咨询公司(AMT)的CEO创业历程中点点滴滴的经验与思考	每一位咨询人,每一位创业者和管理经营者,都值得一读
	边干边学做老板 黄中强　著	创业20多年的老板,有经验、能写、又愿意分享,这样的书很少	处处共鸣,帮助中小企业老板少走弯路
	三四线城市超市如何快速成长:解密甘雨亭 IBMG国际商业管理集团　著	国内外标杆企业的经验+本土实践量化数据+操作步骤、方法	通俗易懂,行业经验丰富,宝贵的行业量化数据,关键思路和步骤
	中国首家未来超市:解密安徽乐城 IBMG国际商业管理集团　著	本书深入挖掘了安徽乐城超市的试验案例,为零售企业未来的发展提供了一条可借鉴之路	通俗易懂,行业经验丰富,宝贵的行业量化数据,关键思路和步骤

续表

互联网 +			
书名．作者		内容/特色	读者价值
互联网+	**新营销** 刘春雄　著	新营销的新框架体系是场景是产品逻辑，IP是品牌逻辑，社群是连接逻辑，传播是营销逻辑	助力品牌商实现由传统营销到新营销的理念和行动的跨越，助力企业打赢升级转型之仗
	企业微信营销全指导 孙　巍　著	专门给企业看到的微信营销书，手把手教企业从小白到微信营销专家	企业想学微信营销现在还不晚，两眼一抹黑也不怕，有这本书就够
	企业网络营销这样做才对：B2B　大宗B2C 张　进　著	简单直白拿来就用，各种窍门信手拈来，企业网络营销不麻烦也不用再头疼，一般人不告诉他	B2B、大宗B2C企业有福了，看了就能学会网络营销
	互联网时代的银行转型 韩友诚　著	以大量案例形式为读者全面展示和分析了银行的互联网金融转型应对之道	结合本土银行转型发展案例的书籍
	正在发生的转型升级·实践 本土管理实践与创新论坛　著	企业在快速变革期所展现出的管理变革新成果、新方法、新案例	重点突出对于未来企业管理相关领域的趋势研判
	触发需求：互联网新营销样本·水产 何足奇　著	传统产业都在苦闷中挣扎前行，本书通过鲜活的案例告诉你如何以需求链整合供应链，从而把大家熟知的传统行业打碎了重构、重做一遍	全是干货，值得细读学习，并且作者的理论已经经过了他亲自操刀的实践检验，效果惊人，就在书中全景展示
	移动互联新玩法：未来商业的格局和趋势 史贤龙　著	传统商业、电商、移动互联，三个世界并存，这种新格局的玩法一定要懂	看清热点的本质，把握行业先机，一本书搞定移动互联网
	微商生意经：真实再现33个成功案例操作全程 伏泓霖　罗晓慧　著	本书为33个真实案例，分享案例主人公在做微商过程中的经验教训	案例真实，有借鉴意义
	阿里巴巴实战运营——14招玩转诚信通 聂志新　著	本书主要介绍阿里巴巴诚信通的十四个基本推广操作，从而帮助使用诚信通的用户及企业更好地提升业绩	基本操作，很多可以边学边用，简单易学
	互联网精准营销：创造爆发式的商业价值 蒋　军　著	怎么在互联网时代整体策划、包装品牌和产品，并在此基础上为企业设计商业模式，技术实现并运营落地	为有基础的小微企业（大企业的新项目）1年实现销售额过亿，2年对接资本，3年左右准IPO
	今后这样做品牌：移动互联时代的品牌营销策略 蒋　军　著	与移动互联紧密结合，告诉你老方法还能不能用，新方法怎么用	今后这样做品牌就对了
	互联网+"变"与"不变"：本土管理实践与创新论坛集萃·2016 本土管理实践与创新论坛　著	本土管理领域正在产生自己独特的理论和模式，尤其在移动互联时代，有很多新课题需要本土专家们一起研究	帮助读者拓宽眼界、突破思维

续表

互联网+	**创造增量市场:传统企业互联网转型之道** 刘红明　著	传统企业需要用互联网思维去创造增量,而不是用电子商务去转移传统业务的存量	教你怎么在"互联网+"的海洋中创造实实在在的增量
	重生战略:移动互联网和大数据时代的转型法则 沈　拓　著	在移动互联网和大数据时代,传统企业转型如同生命体打算与再造,称之为"重生战略"	帮助企业认清移动互联网环境下的变化和应对之道
	画出公司的互联网进化路线图:用互联网思维重塑产品、客户和价值 李　蓓　著	18 个问题帮助企业一步步梳理出互联网转型思路	思路清晰、案例丰富,非常有启发性
	7 个转变,让公司 3 年胜出 李　蓓　著	消费者主权时代,企业该怎么办	这就是互联网思维,老板有能这样想,肯定倒不了
	跳出同质思维,从跟随到领先 郭　剑　著	66 个精彩案例剖析,帮助老板突破行业长期思维惯性	做企业竟然有这么多玩法,开眼界

行业类:零售、白酒、食品/快消品、农业、医药、建材家居等

	书名．作者	内容/特色	读者价值
零售·超市·餐饮·服装	**总部有多强大,门店就能走多远** IBMG 国际商业管理集团　著	如何把总部做强,成为门店的坚实后盾	了解总部建设的方法与经验
	超市卖场定价策略与品类管理 IBMG 国际商业管理集团　著	超市定价策略与品类管理实操案例和方法	拿来就能用的理论和工具
	连锁零售企业招聘与培训破解之道 IBMG 国际商业管理集团　著	围绕零售企业组织架构、培训体系建设等内容进行深刻探讨	破解人才发现和培养瓶颈的关键点
	中国首家未来超市:解密安徽乐城 IBMG 国际商业管理集团　著	介绍了乐城作为中国首家未来超市从无到有的传奇经历	了解新型零售超市的运作方式及管理特色
	三四线城市超市如何快速成长:解密甘雨亭 IBMG 国际商业管理集团　著	揭秘一家三四线连锁超市的经验策略	不但可以欣赏它的优点,而且可以学会它成功的方法
	涨价也能卖到翻 村松达夫　【日】	提升客单价的 15 种实用、有效的方法	日本企业在这方面非常值得学习和借鉴
	移动互联下的超市升级 联商网专栏频道　著	深度解析超市转型升级重点	帮助零售企业把握全局、看清方向
	手把手教你做专业督导:专卖店、连锁店 熊亚柱　著	从督导的职能、作用,在工作中需要的专业技能、方法,都提供了详细的解读和训练办法,同时附有大量的表单工具	无论是店铺需要统一培训,还是个人想成为优秀的督导,有这一本就够了
	百货零售全渠道营销策略 陈继展　著	没有照本宣科、说教式的絮叨,只有笔者对行业的认知与理解,庖丁解牛式的逐项解析、展开	通俗易懂,花极少的时间快速掌握该领域的知识及趋势

续表

零售·超市·餐饮·服装	**零售:把客流变成购买力** 丁 昀 著	如何通过不断升级产品和体验式服务来经营客流	如何进行体验营销,国外的好经营,这方面有启发
	餐饮企业经营策略第一书 吴 坚 著	分别从产品、顾客、市场、盈利模式等几个方面,对现阶段餐饮企业的发展提出策略和思路	第一本专业的、高端的餐饮企业经营指导书
	电影院的下一个黄金十年:开发·差异化·案例 李保煜 著	对目前电影院市场存大的问题及如何解决进行了探讨与解读	多角度了解电影院运营方式及代表性案例
	赚不赚钱靠店长:从懂管理到会经营 孙彩军 著	通过生动的案例来进行剖析,注重门店管理细节方面的能力提升	帮助终端门店店长在管理门店的过程中实现经营思路的拓展与突破
耐消品	**商用车经销商运营实战** 杜建君 王朝阳 章晓青 等著	从管理到经营,从销售到服务,系统化运作全指导	为经销商经营开阔思路,掌握方法
	汽车配件这样卖:汽车后市场销售秘诀 100 条 俞士耀 著	汽配销售业务员必读,手把手教授最实用的方法,轻松得来好业绩	快速上岗,专业实效,业绩无忧
	跟行业老手学经销商开发与管理:家电、耐消品、建材家居 黄润霖 著	全部来源于经销商管理的一线问题,作者用丰富的经验将每一个问题落实到最便捷快速的操作方法上去	书中每一个问题都是普通营销人亲口提出的,这些问题你也会遇到,作者进行的解答则精彩实用
白酒	**酒水饮料快消品餐饮渠道营销手册** 朱伟杰 著	主要针对快消品(酒水、饮料)的餐饮渠道,提供了区域、商圈、不同业态的规划和促销安排等多种工具,并提出了经销商、批发商等相关人员的管理方法	一本酒水饮料如何在餐饮渠道销售的全能手册,内容深入翔实,可以直接照搬套用,这样的便利简直千金不换
	白酒到底如何卖 赵海永 著	以市场实战为主,多层次、全方位、多角度地阐释了白酒一线市场操作的最新模式和方法,接地气	实操性强,37 个方法、6 大案例帮你成功卖酒
	变局下的白酒企业重构 杨永华 著	帮助白酒企业从产业视角看清趋势,找准位置,实现弯道超车的书	行业内企业要减少 90%,自己在什么位置,怎么做,都清楚了
	1. 白酒营销的第一本书(升级版) **2. 白酒经销商的第一本书** 唐江华 著	华泽集团湖南开口笑公司品牌部长,擅长酒类新品推广、新市场拓展	扎根一线,实战
	区域型白酒企业营销必胜法则 朱志明 著	为区域型白酒企业提供 35 条必胜法则,在竞争中赢销的葵花宝典	丰富的一线经验和深厚积累,实操实用
	10 步成功运作白酒区域市场 朱志明 著	白酒区域操盘者必备,掌握区域市场运作的战略、战术、兵法	在区域市场的攻伐防守中运筹帷幄,立于不败之地
	酒业转型大时代:微酒精选 2014-2015 微酒 主编	本书分为五个部分:当年大事件、那些酒业营销工具、微酒独立策划、业内大调查和十大经典案例	了解行业新动态、新观点,学习营销方法

续表

快消品·食品	**中国快消品营销的这些年** 史贤龙　著	作者精华文章的合集，一本书浓缩了过去十五年，中国营销的实战历程与前沿思考	快消品营销行业的案例和方法都原汁原味呈现，在反映当时风貌的同时，展望与反思
	营销中国茶：2小时读懂茶叶营销 史贤龙　著	从不同视角对中国的茶营销进行了思考，内容涉及中国茶产业战略困境、茶企规模化、茶品牌崛起、茶文化、茶营销、茶消费、茶零售、茶道等	内容丰富扎实，文字流畅，浓缩的都是精华，让你2小时读懂茶叶营销
	这样打造快消品标杆市场 罗宏文　著	帮助你解决如何成功打造标杆市场和进行持续增量管理两大问题	一套系统的方法论，通俗易懂，可以直接套用
	5小时读懂快消品营销：中国快消品案例观察 陈海超　著	多年营销经验的一线老手把案例掰开了、揉碎了，从中得出的各种手段和方法给读者以帮助和启发	营销那些事儿的个中秘辛，求人还不一定告诉你，这本书里就有
	快消品招商的第一本书：从入门到精通 刘　雷　著	深入浅出，不说废话，有工具方法，通俗易懂	让零基础的招商新人快速学习书中最实用的招商技能，成长为骨干人才
	乳业营销第一书 侯军伟　著	对区域乳品企业生存发展关键性问题的梳理	唯一的区域乳业营销书，区域乳品企业一定要看
	食用油营销第一书 余　盛　著	10多年油脂企业工作经验，从行业到具体实操	食用油行业第一书，当之无愧
	中国茶叶营销第一书 柏　龑　著	如何跳出茶行业“大文化小产业”的困境，作者给出了自己的观察和思考	不是传统做茶的思路，而是现在商业做茶的思路
	调味品营销第一书 陈小龙　著	国内唯一一本调味品营销的书	唯一的调味品营销的书，调味品的从业者一定要看
	快消品营销人的第一本书：从入门到精通 刘　雷　伯建新　著	快消行业必读书，从入门到专业	深入细致，易学易懂
	变局下的快消品营销实战策略 杨永华　著	通胀了，成本增加，如何从被动应战变成主动的“系统战”	作者对快消品行业非常熟悉、非常实战
	快消品经销商如何快速做大 杨永华　著	本书完全从实战的角度，评述现象，解析误区，揭示原理，传授方法	为转型期的经销商提供了解决思路，指出了发展方向
	一位销售经理的工作心得 蒋　军　著	一线营销管理人员想提升业绩却无从下手时，可以看看这本书	一线的真实感悟
	快消品营销：一位销售经理的工作心得2 蒋　军　著	快消品、食品饮料营销的经验之谈，重点图书	来源与实战的精华总结
	快消品营销与渠道管理 谭长春　著	将快消品标杆企业渠道管理的经验和方法分享出来	可口可乐、华润的一些具体的渠道管理经验，实战
	成为优秀的快消品区域经理（升级版） 伯建新　著	用“怎么办”分析区域经理的工作关键点，增加30%全新内容，更贴近环境变化	可以作为区域经理的“速成催化器”

续表

快消品·食品	**销售轨迹：一位快消品营销总监的拼搏之路** 秦国伟　著	本书讲述了一个普通销售员打拼成为跨国企业营销总监的真实奋斗历程	激励人心，给广大销售员以力量和鼓舞
	快消老手都在这样做：区域经理操盘锦囊 方　刚　著	非常接地气，全是多年沉淀下来的干货，丰富的一线经验和实操方法不可多得	在市场摸爬滚打的“老油条”，那些独家绝招妙招一般你问都是问不来的
	动销四维：全程辅导与新品上市 高继中　著	从产品、渠道、促销和新品上市详细讲解提高动销的具体方法，总结作者18年的快消品行业经验，方法实操	内容全面系统，方法实操
农业	**新农资如何换道超车** 刘祖轲　等著	从农业产业化、互联网转型、行业营销与经营突破四个方面阐述如何让农资企业占领先机、提前布局	南方略专家告诉你如何应对资源浪费、生产效率低下、产能严重过剩、价格与价值严重扭曲等
	中国牧场管理实战：畜牧业、乳业必读 黄剑黎　著	本书不仅提供了来自一线的实际经验，还收入了丰富的工具文档与表单	填补空白的行业必读作品
	中小农业企业品牌战法 韩　旭　著	将中小农业企业品牌建设的方法，从理论讲到实践，具有指导性	全面把握品牌规划，传播推广，落地执行的具体措施
	农资营销实战全指导 张　博　著	农资如何向“深度营销”转型，从理论到实践进行系统剖析，经验资深	朴实、使用！不可多得的农资营销实战指导
	农产品营销第一书 胡浪球　著	从农业企业战略到市场开拓、营销、品牌、模式等	来源于实践中的思考，有启发
	变局下的农牧企业9大成长策略 彭志雄　著	食品安全、纵向延伸、横向联合、品牌建设……	唯一的农牧企业经营实操的书，农牧企业一定要看
医药	**在中国，医药营销这样做：时代方略精选文集** 段继东　主编	专注于医药营销咨询15年，将医药营销方法的精华文章合编，深入全面	可谓医药营销领域的顶尖著作，医药界读者的必读书
	医药新营销：制药企业、医药商业企业营销模式转型 史立臣　著	医药生产企业和商业企业在新环境下如何做营销？老方法还有没有用？如何寻找新方法？新方法怎么用？本书给你答案	内容非常现实接地气，踏实谈问题说方法
	医药企业转型升级战略 史立臣　著	药企转型升级有5大途径，并给出落地步骤及风险控制方法	实操性强，有作者个人经验总结及分析
	新医改下的医药营销与团队管理 史立臣　著	探讨新医改对医药行业的系列影响和医药团队管理	帮助理清思路，有一个框架
	医药营销与处方药学术推广 马宝琳　著	如何用医学策划把“平民产品”变成“明星产品”	有真货、讲真话的作者，堪称处方药营销的经典！
	医药行业大洗牌与药企创新 林延君　沈　斌　著	一方面，围绕着变革，多角度阐述药企的应对之道；另一方面，紧扣实践，介绍近百家医药企业创新实践案例	医改变革10年，医药企业如何应对大洗牌？重磅出击的药企人必读书
	新医改了，药店就要这样开 尚　锋　著	药店经营、管理、营销全攻略	有很强的实战性和可操作性

续表

医药	**电商来了,实体药店如何突围** 尚　锋　著	电商崛起,药店该如何突围?本书从促销、会员服务、专业性、客单价等多重角度给出了指导方向	实战攻略,拿来就能用
	OTC 医药代表药店销售 36 计 鄢圣安　著	以《三十六计》为线,写 OTC 医药代表向药店销售的一些技巧与策略	案例丰富,生动真实,实操性强
	OTC 医药代表药店开发与维护 鄢圣安　著	要做到一名专业的医药代表,需要做什么、准备什么、知识储备、操作技巧等	医药代表药店拜访的指导手册,手把手教你快速上手
	引爆药店成交率 1:店员导购实战 范月明　著	一本书解决药店导购所有难题	情景化、真实化、实战化
	引爆药店成交率 2:经营落地实战 范月明　著	最接地气的经营方法全指导	揭示了药店经营的几类关键问题
	引爆药店成交率:专业化销售解决方案 范月明　著	药品搭配分析与关联销售	为药店人专业化助力
	处方药零售这样做 田　军　著	阐述了处方药零售的重要性,以及做处方药零售市场的具体措施和方法	系统性了解和掌握处方药零售方法
建材家居	**成为最赚钱的家具建材经销商** 李治江　著	从销售模式、产品、门店等老板们最关注和最需要的方面解决问题、提供方法	只要你是建材、家具、家居用品的经销商老板,这就是一本必读的书
	家具行业操盘手 王献永　著	家具行业问题的终结者	解决了干家具还有没有前途?为什么同城多店的家具经销商很难做大做强等问题
	建材家居营销:除了促销还能做什么 孙嘉晖　著	一线老手的深度思考,告诉你在建材家居营销模式基本停滞的今天,除了促销,营销还能怎么做	给你的想法一场革命
	建材家居营销实务 程绍珊　杨鸿贵　主编	价值营销运用到建材家居,每一步都让客户增值	有自己的系统、实战
	家居建材门店 6 力爆破 贾同领　著	合盘道出一线品牌销量秘籍	6 力招招见血,既有招数,又有策略
	建材家居门店销量提升 贾同领　著	店面选址、广告投放、推广助销、空间布局、生动展示、店面运营等	门店销量提升是一个系统工程,非常系统、实战
	10 步成为最棒的建材家居门店店长 徐伟泽　著	实际方法易学易用,让员工能够迅速成长,成为独当一面的好店长	只要坚持这样干,一定能成为好店长
	手把手帮建材家居导购业绩倍增:成为顶尖的门店店员 熊亚柱　著	生动的表现形式,让普通人也能成为优秀的导购员,让门店业绩长红	读着有趣,用着简单,一本在手、业绩无忧
	建材家居经销商实战 42 章经 王庆云　著	告诉经销商:老板怎么当、团队怎么带、生意怎么做	忠言逆耳,看着不舒服就对了,实战总结,用一招半式就值了

续表

工业品	**销售是门专业活:B2B、工业品** 陆和平　著	销售流程就应该跟着客户的采购流程和关注点的变化向前推进,将一个完整的销售过程分成十个阶段,提供具体方法	销售不是请客吃饭拉关系,是个专业的活计!方法在手,走遍天下不愁
	解决方案营销实战案例 刘祖轲　著	用10个真案例讲明白什么是工业品的解决方案式营销,实战、实用	有干货、真正操作过的才能写得出来
	变局下的工业品企业7大机遇 叶敦明　著	产业链条的整合机会、盈利模式的复制机会、营销红利的机会、工业服务商转型机会……	工业品企业还可以这样做,思维大突破
	工业品市场部实战全指导 杜　忠　著	工业品市场部经理工作内容全指导	系统、全面、有理论、有方法,帮助工业品市场部经理更快提升专业能力
	工业品营销管理实务 李洪道　著	中国特色工业品营销体系的全面深化、工业品营销管理体系优化升级	工具更实战,案例更鲜活,内容更深化
	工业品企业如何做品牌 张东利　著	为工业品企业提供最全面的品牌建设思路	有策略、有方法、有思路、有工具
	丁兴良讲工业4.0 丁兴良　著	没有枯燥的理论和说教,用朴实直白的语言告诉你工业4.0的全貌	工业4.0是什么?本书告诉你答案
	资深大客户经理:策略准,执行狠 叶敦明　著	从业务开发、发起攻势、关系培育、职业成长四个方面,详述了大客户营销的精髓	满满的全是干货
	一切为了订单:订单驱动下的工业品营销实战 唐道明　著	其实,所有的企业都在围绕着两个字在开展全部的经营和管理工作,那就是"订单"	开发订单、满足订单、扩大订单。本书全是实操方法,字字珠玑、句句干货,教你获得营销的胜利
金融	**交易心理分析** (美)马克·道格拉斯　著 刘真如　译	作者一语道破赢家的思考方式,并提供了具体的训练方法	不愧是投资心理的第一书,绝对经典
	精品银行管理之道 崔海鹏　何　屹　主编	中小银行转型的实战经验总结	中小银行的教材很多,实战类的书很少,可以看看
	支付战争 Eric M. Jackson　著 徐　彬　王　晓　译	PayPal创业期营销官,亲身讲述PayPal从诞生到壮大到成功出售的整个历史	激烈、有趣的内幕商战故事!了解美国支付市场的风云巨变
	中外并购名著专业阅读指南 叶兴平　等著	在5000多本并购类图书中精选的200著作,在阅读的基础上写的读书评价	精挑细选200本并一一评介,省去读者挑选的烦恼,快捷、高效
	互联网时代的银行转型 韩友诚　著	以大量案例形式为读者全面展示和分析了银行的互联网金融转型应对之道	结合本土银行转型发展案例的书籍

续表

房地产	**产业园区/产业地产规划、招商、运营实战** 阎立忠　著	目前中国第一本系统解读产业园区和产业地产建设运营的实战宝典	从认知、策划、招商到运营全面了解地产策划
	人文商业地产策划 戴欣明　著	城市与商业地产战略定位的关键是不可复制性，要发现独一无二的“味道”	突破千城一面的策划困局
	电影院的下一个黄金十年：开发·差异化·案例 李保煜　著	对目前电影院市场存大的问题及如何解决进行了探讨与解读	多角度了解电影院运营方式及代表性案例
能源	**全能型班组：城市能源互联网与电力班组升级** 国网天津市电力公司　编著	借鉴国内外优秀企业的转型升级思路，通过对于新型班组组织模式和运行机制的大胆设想，力图构建充分适应内外环境变化的全能型班组	看看庞大的国企在新环境下是如何顺应时代的
	国网天津电力全能型班组建设实务 国网天津市电力公司　编著	本书聚焦于天津电力公司在探索全能型班组转型升级时的优秀实践	电力行业的班组实践，具体、可操作性强

经营类：企业如何赚钱，如何抓机会，如何突破，如何“开源”

	书名．作者	内容/特色	读者价值
抓方向	**让经营回归简单．升级版** 宋新宇　著	化繁为简抓住经营本质：战略、客户、产品、员工、成长	经典，做企业就这几个关键点！
	混沌与秩序Ⅰ：变革时代企业领先之道 **混沌与秩序Ⅱ：变革时代管理新思维** 彭剑锋　尚艳玲　主编	汇集华夏基石专家团队10年来研究成果，集中选择了其中的精华文章编纂成册	作者都是既有深厚理论积淀又有实践经验的重磅专家，为中国企业和企业家的未来提出了高屋建瓴的观点
	活系统：跟任正非学当老板 孙行健　尹　贤　著	以任正非的独到视角，教企业老板如何经营公司	看透公司经营本质，激活企业活力
	重构：快消品企业重生之道 杨永华　著	从7个角度，帮助企业实现系统性的改造	提供转型思想与方法，值得参考
	公司由小到大要过哪些坎 卢　强　著	老板手里的一张“企业成长路线图”	现在我在哪儿，未来还要走哪些路，都清楚了
	企业二次创业成功路线图 夏惊鸣　著	企业曾经抓住机会成功了，但下一步该怎么办？	企业怎样获得第二次成功，心里有个大框架了
	老板经理人双赢之道 陈　明　著	经理人怎养选平台、怎么开局，老板怎样选/育/用/留	老板生闷气，经理人牢骚大，这次知道该怎么办了
	简单思考：AMT咨询创始人自述 孔祥云　著	著名咨询公司（AMT）的CEO创业历程中点点滴滴的经验与思考	每一位咨询人，每一位创业者和管理经营者，都值得一读
	企业文化的逻辑 王祥伍　黄健江　著	为什么企业绩效如此不同，解开绩效背后的文化密码	少有的深刻，有品质，读起来很流畅
	使命驱动企业成长 高可为　著	钱能让一个人今天努力，使命能让一群人长期努力	对于想做事业的人，‘使命’是绕不过去的

续表

思维突破	**盈利原本就这么简单** 高可为 著	从财务的角度揭示企业盈利的秘密	多方面解读商业模式与盈利的关系，通俗易懂，受益匪浅
	移动互联新玩法：未来商业的格局和趋势 史贤龙 著	传统商业、电商、移动互联，三个世界并存，这种新格局的玩法一定要懂	看清热点的本质，把握行业先机，一本书搞定移动互联网
	画出公司的互联网进化路线图：用互联网思维重塑产品、客户和价值 李 蓓 著	18 个问题帮助企业一步步梳理出互联网转型思路	思路清晰、案例丰富，非常有启发性
	重生战略：移动互联网和大数据时代的转型法则 沈 拓 著	在移动互联网和大数据时代，传统企业转型如同生命体打算与再造，称之为"重生战略"	帮助企业认清移动互联网环境下的变化和应对之道
	创造增量市场：传统企业互联网转型之道 刘红明 著	传统企业需要用互联网思维去创造增量，而不是用电子商务去转移传统业务的存量	教你怎么在"互联网+"的海洋中创造实实在在的增量
	7 个转变，让公司 3 年胜出 李 蓓 著	消费者主权时代，企业该怎么办	这就是互联网思维，老板有能这样想，肯定倒不了
	跳出同质思维，从跟随到领先 郭 剑 著	66 个精彩案例剖析，帮助老板突破行业长期思维惯性	做企业竟然有这么多玩法，开眼界
	麻烦就是需求　难题就是商机 卢根鑫 著	如何借助客户的眼睛发现商机	什么是真商机，怎么判断、怎么抓，有借鉴
	互联网+"变"与"不变"：本土管理实践与创新论坛集萃·2016 本土管理实践与创新论坛 著	加速本土管理思想的孕育诞生，促进本土管理创新成果更好地服务企业、贡献社会	各个作者本年度最新思想，帮助读者拓宽眼界、突破思维
	消费升级：实践　研究（文集） 本土管理实践与创新论坛 著	38 位管理专家及 7 位学者的精华思想，从经营、管理、行业及思想研究四个方面阐述中国企业在消费升级下的实践与研究	思想启发，行业借鉴
财务	**写给企业家的公司与家庭财务规划——从创业成功到富足退休** 周荣辉 著	本书以企业的发展周期为主线，写各阶段企业与企业主家庭的财务规划	为读者处理人生各阶段企业与家庭的财务问题提供建议及方法，让家庭成员真正享受财富带来的益处
	互联网时代的成本观 程 翔 著	本书结合互联网时代提出了成本的多维观，揭示了多维组合成本的互联网精神和大数据特征，论述了其产生背景、实现思路和应用价值	在传统成本观下为盈利的业务，在新环境下也许就成为亏损业务。帮助管理者从新的角度来看待成本，进一步做好精益管理
	财报背后的投资机会 蒋 豹 著	以具体的公司案例分析，教你迅速看出财务报表与企业经营的关系、所反映的企业经营现状，从而找到投资机会	前四大会计所员工为读者解密财报，发现投资机会

续表

管理类：效率如何提升，如何实现经营目标，如何“节流”			
书名．作者		内容/特色	读者价值
通用管理	让管理回归简单·升级版 宋新宇　著	从目标、组织、决策、授权、人才和老板自己层面教你怎样做管理	帮助管理抓住管理的要害，让管理变得简单
	让经营回归简单·升级版 宋新宇　著	从战略、客户、产品、员工、成长、经营者自身等七个方面，归纳总结出简单有效的经营法则	总结出的真正优秀企业的成功之道：简单
	让用人回归简单 宋新宇　著	从用人的原则、用人的难题与误区、用人的方法和用人者的修炼四大方面，总结出适合中小企业做好人才管理工作的法则	帮助管理者抓住用人的要害，让用人变得简单
	历史深处的管理智慧1：组织建设与用人之道 刘文瑞　著	对历史之典故、政事、人事、政制进行管理解析，鉴照企业人才的选用育留	推动理论与实践的对接，实现理性与情感的渗透，用中国话语说明管理智慧
	历史深处的管理智慧2：战略决策与经营运作 刘文瑞 著	对历史之典故、政事、人事、政制进行管理解析，鉴照企业战略设计与经营实践	推动理论与实践的对接，实现理性与情感的渗透，用中国话语说明管理智慧
	历史深处的管理智慧3：领导修炼与文化素养 刘文瑞　著	对历史之典故、政事、人事、政制进行管理解析，鉴照企业领导职业能力提升与文化修养	推动理论与实践的对接，实现理性与情感的渗透，用中国话语说明管理智慧
	管理的尺度 刘文瑞　著	对管理中的种种普遍性问题进行了批评	提高把握管理尺度的能力
	管理学在中国 刘文瑞　著	系统性介绍了管理学在中国的发展和演变	了解管理学在中国的发展脉络，更清晰理解管理学的本质
	看电影，懂管理 刘文瑞　著	16部经典电影，带你感悟管理智慧	能够帮助读者放松身心，驰骋想象，在不知不觉中增长智慧
	管理：以规则驾驭人性 王春强　著	详细解读企业规则的制定方法	从人与人博弈角度提升管理的有效性
	员工心理学超级漫画版 邢　雷　著	以漫画的形式深度剖析员工心理	帮助管理者更了解员工，从而更轻松地管理员工
	老板有想法，高层有干法：企业中的将帅之道 王清华　著	深入剖析老板与高管的异同	各司其职，各行其是，相辅相成
	分股合心：股权激励这样做 段磊　周剑　著	通过丰富的案例，详细介绍了股权激励的知识和实行方法	内容丰富全面、易读易懂，了解股权激励，有这一本就够了
	边干边学做老板 黄中强　著	创业20多年的老板，有经验、能写、又愿意分享，这样的书很少	处处共鸣，帮助中小企业老板少走弯路

续表

通用管理	成为敏感而体贴的公司 王　涛　著	本书为作者对企业的观察和冥想的随笔记录。从生活中的一个现象入手，进而探索现象背后的本质	从全新角度认识公司
	中国企业的觉醒：正直 善良 成长 王　涛　著	围绕着企业人如何发生转化展开，对中国人、中国文化及由此导致的企业现状的观察和思考	企业除了要利润，还需要道德
	有意识的思考：轻松化解问题的7个思考习惯 王　涛　著	本书是对思想、思考过程、思考方式进行的细致观察	养成好的思考习惯，更深刻地看问题
	中国式阿米巴落地实践之从交付到交易 胡八一　著	本书主要讲述阿米巴经营会计，“从交付到交易”，这是成功实施了阿米巴的标志	阿米巴经营会计的工作是有逻辑关联的，一本书就能搞定
	中国式阿米巴落地实践之激活组织 胡八一　著	重点讲解如何科学划分阿米巴单元，阐述划分的实操要领、思路、方法、技术与工具	最大限度减少“推行风险”和“摸索成本”，利于公司成功搭建适合自身的个性化阿米巴经营体系
	中国式阿米巴落地实践之持续盈利 胡八一　著	把企业做成平台，企业才能做大（格局）；把平台做成阿米巴，企业才能做强（专业）；把阿米巴做成合伙制，企业才能做久（机制）	中国式阿米巴落地实践三部曲的最后一部，告诉你企业如何做大做强做久
	集团化企业阿米巴实战案例 初勇钢　著	一家集团化企业阿米巴实施案例	指导集团化企业系统实施阿米巴
	阿米巴经营的中国模式 李志华　著	让员工从“要我干”到“我要干”，价值量化出来	阿米巴在企业如何落地，明白思路了
	欧博心法：好管理靠修行 曾　伟　著	用佛家的智慧，深刻剖析管理问题，见解独到	如果真的有‘中国式管理’，曾老师是其中标志性人物
	领导这样点燃你的下属 孟广桥　著	领导者如何才能让员工积极主动地工作？如何让你的员工和下属保持工作的热情，自动自发？看了这本书就知道	只要你希望手下的“兵将”永远充满工作的斗志，这本书将使你获益良多
流程管理	1. 用流程解放管理者 2. 用流程解放管理者2 张国祥　著	中小企业阅读的流程管理、企业规范化的书	通俗易懂，理论和实践的结合恰到好处
	跟我们学建流程体系 陈立云　著	畅销书《跟我们学做流程管理》系列，更实操，更细致，更深入	更多地分享实践，分享感悟，从实践总结出来的方法论
	人人都要懂流程 金国华　余雅丽　著	当前各企业流程管理方面最为典型的痛点现象及问题案例	通俗易懂，适合企业全员阅读

续表

质量管理	**IATF16949 质量管理体系详解与案例文件汇编：TS16949 转版 IATF16949：2016** 谭洪华　著	针对 IATF 的新标准做了详细的解说，同时指出了一些推行中容易犯的错误，提供了大量的表单、案例	案例、表单丰富，拿来就用
	五大质量工具详解及运用案例：APQP/FMEA/PPAP/MSA/SPC 谭洪华　著	对制造业必备的五大质量工具中每个文件的制作要求、注意事项、制作流程、成功案例等进行了解读	通俗易懂、简便易行，能真正实现学以致用
	ISO9001：2015 新版质量管理体系详解与案例文件汇编 谭洪华　著	紧密围绕 2015 年新版质量管理体系文件逐条详细解读，并提供可以直接套用的案例工具，易学易上手	企业质量管理认证、内审必备
	ISO14001：2015 新版环境管理体系详解与案例文件汇编 谭洪华　著	紧密围绕 2015 年新版环境管理体系文件逐条详细解读，并提供可以直接套用的案例工具，易学易上手	企业环境管理认证、内审必备
	SA8000：2014 社会责任管理体系认证实战 吕　林　著	作者根据自己的操作经验，按认证的流程，以相关案例进行说明 SA8000 认证体系	简单，实操性强，拿来就能用
	精益质量管理实战工具 贺小林　著	制造类企业日常工作中所需要的精益管理工具的归纳整理，并进行案例操作的细致分析	可以直接参考，实际解决生产中的具体问题
战略落地	**重生——中国企业的战略转型** 施　炜　著	从前瞻和适用的角度，对中国企业战略转型的方向、路径及策略性举措提出了一些概要性的建议和意见	对企业有战略指导意义
	公司大了怎么管：从靠英雄到靠组织 AMT 金国华　著	第一次详尽阐释中国快速成长型企业的特点、问题及解决之道	帮助快速成长型企业领导及管理团队理清思路，突破瓶颈
	低效会议怎么改：每年节省一半会议成本的秘密 AMT 王玉荣　著	教你如何系统规划公司的各级会议，一本工具书	教会你科学管理会议的办法
	年初订计划，年尾有结果：战略落地七步成诗 AMT 郭晓　著	7 个步骤教会你怎么让公司制定的战略转变为行动	系统规划，有效指导计划实现
人力资源	**HRBP 是这样炼成的之“菜鸟起飞”** 新　海　著	以小说的形式，具体解析 HRBP 的职责，应该如何操作，如何为业务服务	实践者的经验分享，内容实务具体，形式有趣
	HRBP 是这样炼成的之中级修炼 新　海　著	本书以案例故事的方式，介绍了 HRBP 在实际工作中碰到的问题和挑战	书中的 HR 解决方案讲究因时因地制宜、简单有效的原则，重在启发读者思路，可供各类企业 HRBP 借鉴
	HRBP 是这样炼成的之高级修炼 新　海　著	以故事的形式，展现了 HRBP 工作者在职业发展路上的层层深入和递进	为读者提供 HRBP 在实际工作中遇到种种问题的解决方案

续表

人力资源	**把面试做到极致：首席面试官的人才甄选法** 孟广桥 著	作者用自己几十年的人力资源经验总结出的一套实用的确定岗位招聘标准、提升面试官技能素质的简便方法	面试官必备，没有空泛理论，只有巧妙的实操技能
	人力资源体系与 e－HR 信息化建设 刘书生 陈 莹 王美佳 著	将作者经历的人力资源管理变革、人力资源管理信息化咨询项目方法论、工具和成果全面展现给读者，使大家能够将其快速应用到管理实践中	系统性非常强，没有废话，全部是浓缩的干货
	回归本源看绩效 孙 波 著	让绩效回顾“改进工具”的本源，真正为企业所用	确实是来源于实践的思考，有共鸣
	世界 500 强资深培训经理人教你做培训管理 陈 锐 著	从 7 大角度具体细致地讲解了培训管理的核心内容	专业、实用、接地气
	曹子祥教你做激励性薪酬设计 曹子祥 著	以激励性为指导，系统性地介绍了薪酬体系及关键岗位的薪酬设计模式	深入浅出，一本书学会薪酬设计
	曹子祥教你做绩效管理 曹子祥 著	复杂的理论通俗化，专业的知识简单化，企业绩效管理共性问题的解决方案	轻松掌握绩效管理
	把招聘做到极致 远 鸣 著	作为世界 500 强高级招聘经理，作者数十年招聘经验的总结分享	带来职场思考境界的提升和具体招聘方法的学习
	人才评价中心．超级漫画版 邢 雷 著	专业的主题，漫画的形式，只此一本	没想到一本专业的书，能写成这效果
	走出薪酬管理误区 全怀周 著	剖析薪酬管理的 8 大误区，真正发挥好枢纽作用	值得企业深读的实用教案
	集团化人力资源管理实践 李小勇 著	对搭建集团化的企业很有帮助，务实，实用	最大的亮点不是理论，而是结合实际的深入剖析
	我的人力资源咨询笔记 张 伟 著	管理咨询师的视角，思考企业的 HR 管理	通过咨询师的眼睛对比很多企业，有启发
	本土化人力资源管理 8 大思维 周 剑 著	成熟 HR 理论，在本土中小企业实践中的探索和思考	对企业的现实困境有真切体会，有启发
企业文化	**36 个拿来就用的企业文化建设工具** 海融心胜 主编	数十个工具，为了方便拿来就用，每一个工具都严格按照工具属性、操作方法、案例解读划分，实用、好用	企业文化工作者的案头必备书，方法都在里面，简单易操作
	企业文化建设超级漫画版 邢 雷 著	以漫画的形式系统教你企业文化建设方法	轻松易懂好操作

续表

企业文化	**华夏基石方法：企业文化落地本土实践** 王祥伍　谭俊峰　著	十年积累、原创方法、一线资料，和盘托出	在文化落地方面真正有洞察，有实操价值的书
	企业文化的逻辑 王祥伍　著	为什么企业之间如此不同，解开绩效背后的文化密码	少有的深刻，有品质，读起来很流畅
	企业文化激活沟通 宋杼宸　安　琪　著	透过新任 HR 总经理的眼睛，揭示出沟通与企业文化的关系	有实际指导作用的文化落地读本
	在组织中绽放自我：从专业化到职业化 朱仁健　王祥伍　著	个人如何融入组织，组织如何助力个人成长	帮助企业员工快速认同并投入到组织中去，为企业发展贡献力量
	企业文化定位·落地一本通 王明胤　著	把高深枯燥的专业理论创建成一套系统化、实操化、简单化的企业文化缔造方法	对企业文化不了解，不会做？有这一本从概念到实操，就够了
生产管理	**精益思维：中国精益如何落地** 刘承元　著	笔者二十余年企业经营和咨询管理的经验总结	中国企业需要灵活运用精益思维，推动经营要素与管理机制的有机结合，推动企业管理向前发展
	300 张现场图看懂精益 5S 管理 乐　涛　编著	5S 现场实操详解	案例图解，易懂易学
	高员工流失率下的精益生产 余伟辉　著	中国的精益生产必须面对和解决高员工流失率问题	确实来源于本土的工厂车间，很务实
	车间人员管理那些事儿 岑立聪　著	车间人员管理中处理各种“疑难杂症”的经验和方法	基层车间管理者最闹心、头疼的事，‘打包’解决
	1. 欧博心法：好管理靠修行 **2. 欧博心法：好工厂这样管** 曾　伟　著	他是本土最大的制造业管理咨询机构创始人，他从 400 多个项目、上万家企业实践中锤炼出的欧博心法	中小制造型企业，一定会有很强的共鸣
	欧博工厂案例 1：生产计划管控对话录 **欧博工厂案例 2：品质技术改善对话录** **欧博工厂案例 3：员工执行力提升对话录** 曾　伟　著	最典型的问题、最详尽的解析，工厂管理 9 大问题 27 个经典案例	没想到说得这么细，超出想象，案例很典型，照搬都可以了
	工厂管理实战工具 欧博企管　编著	以传统文化为核心的管理工具	适合中国工厂
	苦中得乐：管理者的第一堂必修课 曾　伟　编著	曾伟与师傅大愿法师的对话，佛学与管理实践的碰撞，管理禅的修行之道	用佛学最高智慧看透管理
	比日本工厂更高效 1：管理提升无极限 刘承元　著	指出制造型企业管理的六大积弊；颠覆流行的错误认知；掌握精益管理的精髓	每一个企业都有自己不同的问题，管理没有一剑封喉的秘笈，要从现场、现物、现实出发
	比日本工厂更高效 2：超强经营力 刘承元　著	企业要获得持续盈利，就要开源和节流，即实现销售最大化，费用最小化	掌握提升工厂效率的全新方法

续表

生产管理	**比日本工厂更高效3:精益改善力的成功实践** 刘承元　著	工厂全面改善系统有其独特的目的取向特征,着眼于企业经营体质(持续竞争力)的建设与提升	用持续改善力来飞速提升工厂的效率,高效率能够带来意想不到的高效益
	3A顾问精益实践1:IE与效率提升 党新民　苏迎斌　蓝旭日　著	系统的阐述了IE技术的来龙去脉以及操作方法	使员工与企业持续获利
	3A顾问精益实践2:JIT与精益改善 肖志军　党新民　著	只在需要的时候,按需要的量,生产所需的产品	提升工厂效率
	手把手教你做专业的生产经理 黄　娜　著	物流、信息流、资金流,让生产经理管理有抓手	从菜鸟到能把控全局
员工素质提升	**TTT培训师精进三部曲(上):深度改善现场培训效果** 廖信琳　著	现场把控不用慌,这里有妙招一用就灵	课程现场无论遇到什么样的情况都能游刃有余
	TTT培训师精进三部曲(中):构建最有价值的课程内容 廖信琳　著	这样做课程内容,学员有收获 培训师也有收获	优质的课程内容是树立个人品牌的保证
	TTT培训师精进三部曲(下):职业功力沉淀与修为提升 廖信琳　著	从内而外提升自己,职业的道路一帆风顺	走上职业TTT内训师的康庄大道
	培训师,如何让你的事业长青:自我管理的10项法则 廖信琳　著	建立了一套完整的培训师自我管理体系,为培训师的职业成长与发展提供有益的指引	培训师如何在自己的职业道路上越走越高,事业长青,一直有所收获与成长?本书将给你答案
	管理咨询师的第一本书:百万年薪 千万身价 熊亚柱　著	从问题出发,发现问题、分析问题、解决问题,让两眼一抹黑的新人快速成长	管理咨询师初入职场,让这本书开启百万年薪之路
	手把手教你做专业督导:专卖店、连锁店 熊亚柱　著	从督导的职能、作用,在工作中需要的专业技能、方法,都提供了详细的解读和训练办法,同时附有大量的表单工具	无论是店铺需要统一培训,还是个人想成为优秀的督导,有这一本就够了
	跟老板"偷师"学创业 吴江萍　余晓雷　著	边学边干,边观察边成长,你也可以当老板	不同于其他类型的创业书,让你在工作中积累创业经验,一举成功
	销售轨迹:一位快消品营销总监的拼搏之路 秦国伟　著	本书讲述了一个普通销售员打拼成为跨国企业营销总监的真实奋斗历程	激励人心,给广大销售员以力量和鼓舞
	在组织中绽放自我:从专业化到职业化 朱仁健　王祥伍　著	个人如何融入组织,组织如何助力个人成长	帮助企业员工快速认同并投入到组织中去,为企业发展贡献力量
	企业员工弟子规:用心做小事,成就大事业 贾同领　著	从传统文化《弟子规》中学习企业中为人处事的办法,从自身做起	点滴小事,修养自身,从自身的改善得到事业的提升

续表

员工素质提升	**手把手教你做顶尖企业内训师:TTT 培训师宝典** 熊亚柱　著	从课程研发到现场把控、个人提升都有涉及,易读易懂,内容丰富全面	想要做企业内训师的员工有福了,本书教你如何抓住关键,从入门到精通
	客诉处理金手指:客户投诉的应对与管理 孟广桥　著	立足于投诉处理的实践,剖析了不同投诉者投诉的特点和应对措施,并提供各种技巧方法、赢得客户信赖所需培养的品质修炼、处理投诉应掌握的法律法规等工具	是投诉处理人员适应岗位职能需要、提升工作技能的良师益友,是企业变诉为金、培养业务骨干的法宝

营销类:把客户需求融入企业各环节,提供“客户认为”有价值的东西

	书名. 作者	内容/特色	读者价值
营销模式	**精品营销战略** 杜建君　著	以精品理念为核心的精益战略和营销策略	用精品思维赢得高端市场
	变局下的营销模式升级 程绍珊　叶　宁　著	客户驱动模式、技术驱动模式、资源驱动模式	很多行业的营销模式被颠覆,调整的思路有了!
	卖轮子 科克斯【美】	小说版的营销学!营销理念巧妙贯穿其中,贵在既有趣,又有深度	经典、有趣!一个故事读懂营销精髓
	动销操盘:节奏掌控与社群时代新战法 朱志明　著	在社群时代把握好产品生产销售的节奏,解析动销的症结,寻找动销的规律与方法	都是易读易懂的干货!对动销方法的全面解析和操盘
	弱势品牌如何做营销 李政权　著	中小企业虽有品牌但没名气,营销照样能做的有声有色	没有丰富的实操经验,写不出这么具体、详实的案例和步骤,很有启发
	老板如何管营销 史贤龙　著	高段位营销 16 招,好学好用	老板能看,营销人也能看
	洞察人性的营销战术:沈坤教你 28 式 沈　坤　著	28 个匪夷所思的营销怪招令人拍案叫绝,涉及商业竞争的方方面面,大部分战术可以直接应用到企业营销中	各种谋略得益于作者的横向思维方式,将其操作过的案例结合其中,提供的战术对读者有参考价值
	动销:产品是如何畅销起来的 吴江萍　余晓雷　著	真真切切告诉你,产品究竟怎么才能卖出去	击中痛点,提供方法,你值得拥有
	1000 铁杆女粉丝 张兵武　著	连接是女性与生俱来的特质。能善用连接的营销人员,就像拿到打开女性荷包的钥匙	重新认识女性的传播力量
	360°谈营销:一位营销咨询师 20 年实战洞察 王清华　古怀亮　著	各个角度,全方位,多视点剥营销	思路单一,此书帮你破
	营销按钮:扣动一触即发的力量 老　苗　著	提供各种奇形怪状的营销武器	一定会带给你不一样的思维震撼

续表

销售	**资深大客户经理:策略准,执行狠** 叶敦明　著	从业务开发、发起攻势、关系培育、职业成长四个方面,详述了大客户营销的精髓	满满的全是干货
	成为资深的销售经理:B2B、工业品 陆和平　著	围绕"销售管理的六个关键控制点"一一展开,提供销售管理的专业、高效方法	方法和技术接地气,拿来就用,从销售员成长为经理不再犯难
	销售是门专业活:B2B、工业品 陆和平　著	销售流程就应该跟着客户的采购流程和关注点的变化向前推进,将一个完整的销售过程分成十个阶段,提供具体方法	销售不是请客吃饭拉关系,是个专业的活计!方法在手,走遍天下不愁
	向高层销售:与决策者有效打交道 贺兵一　著	一套完整有效的销售策略	有工具,有方法,有案例,通俗易懂
	卖轮子 科克斯　【美】	小说版的营销学!营销理念巧妙贯穿其中,贵在既有趣,又有深度	经典、有趣!一个故事读懂营销精髓
	学话术　卖产品 张小虎　著	分析常见的顾客异议,将优秀的话术模块化	让普通导购员也能成为销售精英
组织和团队	**升级你的营销组织** 程绍珊　吴越舟　著	用"有机性"的营销组织替代"营销能人",营销团队变成"铁营盘"	营销队伍最难管,程老师不愧是营销第1操盘手,步骤方法都很成熟
	用数字解放营销人 黄润霖　著	通过量化帮助营销人员提高工作效率	作者很用心,很好的常备工具书
	成为优秀的快消品区域经理(升级版) 伯建新　著	用"怎么办"分析区域经理的工作关键点,增加30%全新内容,更贴近环境变化	可以作为区域经理的"速成催化器"
	成为资深的销售经理:B2B、工业品 陆和平　著	围绕"销售管理的六个关键控制点"一一展开,提供销售管理的专业、高效方法	方法和技术接地气,拿来就用,从销售员成长为经理不再犯难
	一位销售经理的工作心得 蒋　军　著	一线营销管理人员想提升业绩却无从下手时,可以看看这本书	一线的真实感悟
	快消品营销:一位销售经理的工作心得2 蒋　军　著	快消品、食品饮料营销的经验之谈,重点突出	来源于实战的精华总结
	销售轨迹:一位快消品营销总监的拼搏之路 秦国伟　著	本书讲述了一个普通销售员打拼成为跨国企业营销总监的真实奋斗历程	激励人心,给广大销售员以力量和鼓舞
	用营销计划锁定胜局:用数字解放营销人2 黄润霖　著	全方位教你怎么做好营销计划,好学好用真简单	照搬套用就行,做营销计划再也不头痛
	快消品营销人的第一本书:从入门到精通 刘　雷　伯建新　著	快消行业必读书,从入门到专业	深入细致,易学易懂
产品	**产品开发管理方法·流程·工具:从作坊式到规范化** 任彭枞　著	产品研发管理体系全指导	既有工具,又能开拓思路
	新产品开发管理,就用IPD(升级版) 郭富才　著	10年IPD研发管理咨询总结,国内首部IPD专业著作	一本书掌握IPD管理精髓

续表

产品	**这样打造大单品：案例　策略　方法** 迪智成咨询团队　著	囊括十三个不同行业、企业的实际案例，从不同角度详细剖析、总结了这些品牌厂家打造大单品的成功经验或者失败教训	厘清大单品打造的策划与路径，得出持续经营的思路与方法
	资深项目经理这样做新产品开发管理 秦海林　著	以 IPD 为思想，系统讲解新产品开管理的细节	提供管理思路和实用工具
	产品炼金术Ⅰ：如何打造畅销产品 史贤龙　著	满足不同阶段、不同体量、不同行业企业对产品的完整需求	必须具备的思维和方法，避免在产品问题上走弯路
	产品炼金术Ⅱ：如何用产品驱动企业成长 史贤龙　著	做好产品、关注产品的品质，就是企业成功的第一步	必须具备的思维和方法，避免在产品问题上走弯路
品牌	**中小企业如何建品牌** 梁小平　著	中小企业建品牌的入门读本，通俗、易懂	对建品牌有了一个整体框架
	采纳方法：破解本土营销 8 大难题 朱玉童　编著	全面、系统、案例丰富、图文并茂	希望在品牌营销方面有所突破的人，应该看看
	中国品牌营销十三战法 朱玉童　编著	采纳 20 年来的品牌策划方法，同时配有大量的案例	众包方式写作，丰富案例给人启发，极具价值
	今后这样做品牌：移动互联时代的品牌营销策略 蒋　军　著	与移动互联紧密结合，告诉你老方法还能不能用，新方法怎么用	今后这样做品牌就对了
	中小企业如何打造区域强势品牌 吴　之　著	帮助区域的中小企业打造自身品牌，如何在强壮自身的基础上往外拓展	梳理误区，系统思考品牌问题，切实符合中小区域品牌的自身特点进行阐述
渠道通路	**深度分销：掌控渠道价值链** 施　炜　著	制造商通过掌控渠道价值链，将管理触角延伸至零售层面及顾客现场，对市场根部精耕细作，从而挖掘需求，构筑区域市场尤其是三四级市场的竞争壁垒	深度分销是中国企业对世界营销的独特贡献。实践证明，互联网时代深度分销仍有生命力
	快消品营销与渠道管理 谭长春　著	将快消品标杆企业渠道管理的经验和方法分享出来	可口可乐、华润的一些具体的渠道管理经验，实战
	传统行业如何用网络拿订单 张　进　著	给老板看的第一本网络营销书	适合不懂网络技术的经营决策者看
	采纳方法：化解渠道冲突 朱玉童　编著	系统剖析渠道冲突，21 个渠道冲突案例、情景式讲解，37 篇讲义	系统、全面
	学话术　卖产品 张小虎　著	分析常见的顾客异议，将优秀的话术模块化	让普通导购员也能成为销售精英
	向高层销售：与决策者有效打交道 贺兵一　著	一套完整有效的销售策略	有工具，有方法，有案例，通俗易懂
	通路精耕操作全解：快消品 20 年实战精华 周　俊　陈小龙　著	通路精耕的详细全解，每一步的具体操作方法和表单全部无保留提供	康师傅二十年的经验和精华，实践证明的最有效方法，教你如何主宰通路

续表

管理者读的文史哲·生活

	书名．作者	内容/特色	读者价值
思想·文化	德鲁克管理思想解读 罗　珉　著	用独特视角和研究方法，对德鲁克的管理理论进行了深度解读与剖析	不仅是摘引和粗浅分析，还是作者多年深入研究的成果，非常可贵
	德鲁克与他的论敌们：马斯洛、戴明、彼得斯 罗　珉　著	几位大师之间的论战和思想碰撞令人受益匪浅	对大师们的观点和著作进行了大量的理论加工，去伪存真、去粗存精，同时有自己独特的体系深度
	德鲁克管理学 张远凤　著	本书以德鲁克管理思想的发展为线索，从一个侧面展示了20世纪管理学的发展历程	通俗易懂，脉络清晰
	王阳明"万物一体"论：从"身－体"的立场看(修订版) 陈立胜　著	以身体哲学分析王阳明思想中的"仁"与"乐"	进一步了解传统文化，了解王阳明的思想
	自我与世界：以问题为中心的现象学运动研究 陈立胜　著	以问题为中心，对现象学运动中的"意向性""自我""他人""身体"及"世界"各核心议题之思想史背景与内在发展理路进行深入细致的分析	深入了解现象学中的几个主要问题
	作为身体哲学的中国古代哲学 张再林　著	上篇为中国古代身体哲学理论体系奠基性部分，下篇对由"上篇"所开出的中国身体哲学理论体系的进一步的阐发和拓展	了解什么是真正原生态意义上的中国哲学，把中国传统哲学与西方传统哲学加以严格区别
	中西哲学的歧异与会通 张再林　著	本书以一种现代解释学的方法，对中国传统哲学内在本质尝试一种全新的和全方位的解读	发掘出掩埋在古老传统形式下的现代特质和活的生命，在此基础上揭示中西哲学"你中有我，我中有你"之旨
	治论：中国古代管理思想 张再林　著	本书主要从儒、法墨三家阐述中国古代管理思想	看人本主义的管理理论如何不留斧痕地克服似乎无法调解的存在于人类社会行为与社会组织中的种种两难和对立
	车过麻城 再晤李贽 张再林　著	系统全面而又简明扼要地展示了李贽独到的学术眼力和超拔的理论建树	帮助读者重新认识李贽的思想
	中国古代政治制度(修订版)上：皇帝制度与中央政府 刘文瑞　著	全面论证了古代皇帝制度的形成和演变的历程	有助于读者从政治制度角度了解中国国情的历史渊源
	中国古代政治制度(修订版)下：地方体制与官僚制度 刘文瑞　著	全面论证了古代地方政府的发展演变过程	有助于读者从政治制度角度了解中国国情的历史渊源
	中国思想文化十八讲(修订版) 张茂泽　著	中国古代的宗教思想文化，如对祖先崇拜、儒家天命观、中国古代关于"神"的讨论等	宗教文化和人生信仰或信念紧密相联，在文化转型时期学习和研究中国宗教文化就有特别的现实意义
	史幼波《大学》讲记 史幼波　著	用儒释道的观点阐释大学的深刻思想	一本书读懂传统文化经典

续表

类别	书名/作者	内容	特点
思想·文化	**史幼波《周子通书》《太极图说》讲记** 史幼波　著	把形而上的宇宙、天地，与形而下的社会、人生、经济、文化等融合在一起	将儒家的一整套学修系统融合起来
	史幼波《中庸》讲记(上下册) 史幼波　著	全面、深入浅出地揭示儒家中庸文化的真谛	儒释道三家思想融会贯通
	梁涛讲《孟子》之万章篇 梁　涛　著	《万章》主要记录孟子与万章的对话，涉及孝道、亲情、友情、出仕为官等	作者的解读能帮助读者更好地理解孟子及儒学
	两晋南北朝十二讲(修订版) 李文才　著	作为一本普及性读物，作者尊重史实，运用"历史心理学"的叙事方法，分12个专题对两晋南北朝的历史进行阐述	让读者轻松了解两晋南北朝的历史
	每个中国人身上的春秋基因 史贤龙　著	春秋368年(公元前770－公元前403年)，每一个中国人都可以在这段时期的历史中找到自己的祖先，看到真实发生的事件，同时也看到自己	长情商、识人心
	与《老子》一起思考:德篇 史贤龙　著	打通文史，回归哲慧，纵贯古今，放眼中外，妙语迭出，在当今的老子读本中别具一格	深读有深读的回味，浅尝有浅尝的机敏，可给读者不同的启发
	说服天下:《鬼谷子》的中国沟通术 翟玉忠　著	由内圣而外王，从心力的培育到具体的说服理论，再到生动的说服案例	从商业到军事再到日常生活，沟通说服已经变得越来越重要
	读《管子》，知天下财富:轻重术与中国古典经济思想 翟玉忠　著	中国农业社会规模庞大的市场产生了复杂发展的经济理论——以《管子》轻重十六篇为核心的轻重术	本书分为道、术两大部分，有思想、有谋略，相信你会从中有所收获
	中国商道:从古典商书说开去翟玉忠　著	对中国先秦和明清两个商品经济大发展时期商业典籍的第一次系统整理和诠释	中华商道一脉相承，造就了无数商业奇迹，成就了无数商业巨子。今人读之，必能获益
	跟陈忠建学写名家书法Ⅰ **跟陈忠建学写名家书法Ⅱ** 陈忠建　著	中国台湾著名书法教育家，用视频手把手教你摹写历代名家笔触	用拟古千字文的形式，学习名家的技巧
	像美国人一样讲话:教你记住800句最地道的美语 马方旭　著	本书基本囊括了在美国最常用最地道的800习惯用语表达，包含中英双语翻译，以及清晰明了的注解帮助增强记忆，加入视频等流行的记忆方法	易读易懂，趣味十足
	郑子太极拳理拳法 杨竣雄　著	走进郑子太极拳完整训练体系的大门，随着书中另一主角——师父的课程安排与每日功课的练习	当您学完这套书后，在掌握拳架的同时具备诸多正确的太极理念与系统知识
	内功太极拳训练教程 王铁仁　编著	杨式(内功)太极拳(俗称老六路)的详细介绍及具体修炼方法，身心的一次升华	书中含有大量图解并有相关视频供读者同步学习
	中医治心脏病 马宝琳　著	引用众多真实案例，客观真实地讲述了中西医对于心脏病的认识及治疗方法	看完这本书，能为您节约10万元医药费